Introdução

Na era da transformação digital, a Inteligência Artificial (IA) emerge como uma força propulsora para a inovação, especialmente para as pequenas empresas. Este livro visa desvendar o potencial da IA, fornecendo uma visão abrangente e prática de como essa tecnologia pode ser implementada de forma estratégica em pequenos negócios.

Desde a definição dos fundamentos da IA até a exploração de estudos de caso inspiradores, cada capítulo é projetado para orientar empreendedores e líderes através de uma jornada de descobertas. Desmitificando conceitos, destacando benefícios tangíveis e fornecendo estratégias práticas, este livro busca capacitar os leitores a incorporarem a IA como um catalisador para o crescimento, a eficiência operacional e a vantagem competitiva.

Ao longo dessas páginas, viajaremos por cenários diversos, desde o comércio eletrônico até a saúde e a manufatura, explorando como a IA pode moldar positivamente o futuro de pequenos negócios. Este não é apenas um guia teórico; é um convite para ação, um mapa para a implementação progressiva e uma inspiração para a inovação contínua.

Ao embarcar nessa jornada, os leitores descobrirão que a IA não é apenas uma ferramenta tecnológica, mas uma parceira estratégica. Convido você a explorar as páginas seguintes e a desvendar o potencial ilimitado que a IA oferece para transformar pequenas empresas em impulsionadores de inovação, adaptabilidade e sucesso sustentável.

Num futuro não muito distante, a Inteligência Artificial emerge como o tecido invisível que entrelaça a realidade e a inovação. Em suas páginas, este livro busca inspirar pequenas empresas a não apenas sobreviver, mas a prosperar, como diria Arthur C. Clarke, 'Toda tecnologia suficientemente avançada é indistinguível de magia'. A magia da IA aguarda ser desvendada por empreendedores corajosos, e este guia é o mapa que ilumina o caminho da inovação contínua.

Sumário

Capítulo 1: Introdução à Inteligência Artificial

Definição de Inteligência Artificial

A Inteligência Artificial (IA) marca uma revolução no modo como as máquinas interagem com o mundo e realizam tarefas anteriormente reservadas aos seres humanos. Em sua essência, a IA refere-se à capacidade de sistemas computacionais executarem tarefas que normalmente requerem inteligência humana. Essas tarefas incluem aprendizado, raciocínio, reconhecimento de padrões, resolução de problemas, compreensão da linguagem natural e interação social.

A IA abrange uma variedade de abordagens e técnicas, mas uma característica central é a capacidade de aprender com dados e experiências. O aprendizado de máquina, um subcampo importante da IA, permite que os sistemas melhorem seu desempenho ao longo do tempo sem serem explicitamente programados. Isso significa que as máquinas podem adaptar-se a novas informações e cenários, fornecendo uma flexibilidade crucial para enfrentar desafios complexos.

A aplicação da IA é vasta, impactando setores que vão desde a saúde e finanças até a produção e o varejo. Empresas de todos os tamanhos estão explorando como integrar efetivamente a IA em suas operações para impulsionar a eficiência, inovação e competitividade.

Ao longo deste livro, exploraremos como as pequenas empresas podem aproveitar os benefícios da Inteligência

Revolucionando Pequenos Negócios com a Força da IA Artificial, destacando casos de sucesso, abordando desafios comuns e fornecendo orientações práticas para a implementação bem-sucedida. A jornada para compreender e incorporar a IA em pequenos negócios começa aqui, com uma exploração mais profunda dessa revolucionária fronteira tecnológica.

Breve histórico e evolução

A história da Inteligência Artificial remonta a conceitos iniciais e à visão de máquinas capazes de imitar a inteligência humana. O termo "Inteligência Artificial" foi cunhado pela primeira vez em uma conferência realizada em 1956, na Universidade de Dartmouth. Nessa época, o otimismo era alto, e acreditava-se que em poucos anos as máquinas poderiam realizar tarefas cognitivas de maneira similar ou até superior aos humanos.

No entanto, as expectativas iniciais não foram totalmente atendidas, e durante as décadas seguintes, a IA passou por períodos de entusiasmo e desilusão, conhecidos como "verões" e "invernos" da IA. Os avanços tecnológicos e a crescente disponibilidade de dados começaram a impulsionar o campo novamente nas últimas duas décadas, resultando em conquistas notáveis.

O surgimento do aprendizado de máquina, especialmente com o desenvolvimento de algoritmos de redes neurais profundas, transformou a capacidade das máquinas de reconhecer padrões complexos em conjuntos de dados massivos. Essa revolução no aprendizado de máquina tornou possível o reconhecimento de voz eficiente, tradução automática, diagnóstico médico assistido por computador e muito mais.

Revolucionando Pequenos Negócios com a Força da IA
Nos últimos anos, a IA se tornou uma força motriz na economia global, com investimentos significativos de empresas e governos em pesquisa e desenvolvimento. A rápida evolução da IA está moldando indústrias inteiras, criando novos modelos de negócios e desafiando noções convencionais sobre trabalho, inovação e tomada de decisões.

Este capítulo mergulha em um breve histórico da IA, destacando marcos importantes e as lições aprendidas ao longo do caminho. Ao entender as raízes e a evolução da IA, podemos apreciar melhor o cenário atual e antecipar as direções futuras dessa tecnologia fascinante.

Aplicações atuais em diversos setores

O otimismo inicial dos anos 1950 culminou em períodos de entusiasmo e desilusão, mas o surgimento do aprendizado de máquina, em especial das redes neurais profundas, representou um divisor de águas. O avanço nas capacidades de reconhecimento de padrões permitiu à IA ultrapassar limitações anteriores, impulsionando inovações em áreas como visão computacional, processamento de linguagem natural e aprendizado automático.

Hoje, a Inteligência Artificial não é apenas uma disciplina acadêmica, mas uma força transformadora em diversos setores. Seu impacto é visível em:

Saúde:

- Diagnóstico médico assistido por IA
- Descoberta de medicamentos e pesquisa biomédica

Revolucionando Pequenos Negócios com a Força da IA
* Personalização de tratamentos com base em dados individuais

A IA está revolucionando a saúde, oferecendo diagnósticos médicos mais precisos e tratamentos personalizados. Algoritmos de aprendizado de máquina analisam imagens médicas, como radiografias e ressonâncias magnéticas, identificando padrões sutis que podem escapar à observação humana. Além disso, a análise de grandes conjuntos de dados de pacientes permite predições mais precisas e descobertas de novos tratamentos.

Finanças:

* Análise de riscos e detecção de fraudes
* Recomendações de investimento personalizadas
* Automação de processos contábeis e financeiros

No setor financeiro, a IA é uma aliada poderosa na análise de dados e gestão de riscos. Algoritmos sofisticados detectam padrões de fraude em transações, melhoram a tomada de decisões de investimento e automatizam processos contábeis. A personalização de serviços financeiros, como recomendações de investimento adaptadas ao perfil do cliente, tornou-se uma realidade.

Varejo:

* Recomendações de produtos personalizadas
* Previsão de demanda e otimização de estoques
* Chatbots para melhorar o atendimento ao cliente

O varejo se beneficia da IA através de sistemas de recomendação inteligentes, análise preditiva de demanda e automação de atendimento ao cliente. Os algoritmos

Revolucionando Pequenos Negócios com a Força da IA analisam o comportamento do consumidor, antecipando preferências e oferecendo sugestões personalizadas. Chatbots alimentados por IA melhoram a interação com os clientes, proporcionando respostas rápidas e eficientes.

Manufatura:

- Controle de qualidade automatizado
- Manutenção preditiva de equipamentos
- Otimização de cadeias de produção

Na indústria manufatureira, a IA é aplicada para otimizar processos e melhorar a eficiência operacional. Sistemas de visão computacional monitoram a qualidade dos produtos em tempo real, garantindo padrões consistentes. A manutenção preditiva, impulsionada por algoritmos de aprendizado de máquina, reduz custos ao prever falhas em equipamentos antes que ocorram.

Educação:

- Personalização de currículos e aprendizado adaptativo
- Tutoria virtual e assistentes de ensino
- Análise de desempenho dos alunos

A IA está transformando a educação com soluções personalizadas e adaptativas. Plataformas de aprendizado online utilizam algoritmos para ajustar o conteúdo com base no desempenho do aluno, oferecendo uma experiência educacional mais individualizada. Chatbots educacionais fornecem suporte instantâneo, respondendo a dúvidas e oferecendo assistência personalizada.

Revolucionando Pequenos Negócios com a Força da IA
Essas aplicações representam apenas uma amostra do vasto potencial da IA em diversos setores. No decorrer deste livro, exploraremos como as pequenas empresas podem integrar e capitalizar essas tecnologias para impulsionar seu crescimento e competitividade no mercado em constante evolução.

Capítulo 2: O Papel da IA nas Pequenas Empresas

Vantagens competitivas para pequenos negócios

O mundo dos negócios está passando por uma transformação acelerada, impulsionada pela Inteligência Artificial (IA). Para as pequenas empresas, a adoção estratégica da IA não é apenas uma opção, mas uma necessidade para se destacar em mercados cada vez mais competitivos. Neste capítulo, exploraremos as vantagens competitivas que a IA oferece a pequenos negócios e como ela pode ser uma força propulsora para o crescimento sustentável.

1. **Eficiência Operacional:** Pequenas empresas frequentemente enfrentam restrições de recursos. A IA entra em cena para otimizar processos internos, automatizando tarefas rotineiras e permitindo que os funcionários se concentrem em atividades mais estratégicas. Isso resulta em uma operação mais eficiente e ágil, contribuindo para a produtividade e redução de custos.

2. **Tomada de Decisões Informada:** A IA capacita pequenas empresas a tomar decisões mais informadas,

Revolucionando Pequenos Negócios com a Força da IA
baseadas em análises de dados precisas e em tempo real.
Algoritmos de aprendizado de máquina podem analisar
grandes conjuntos de dados para identificar padrões,
tendências de mercado e insights valiosos. Essa abordagem
orientada por dados ajuda na formulação de estratégias
mais assertivas.

3. Personalização do Atendimento ao Cliente: A
personalização se tornou uma pedra angular para conquistar
e manter clientes. Com a IA, as pequenas empresas podem
criar experiências personalizadas para seus clientes, desde
recomendações de produtos até comunicações
direcionadas. Chatbots alimentados por IA oferecem suporte
instantâneo, melhorando a satisfação do cliente e
construindo relacionamentos duradouros.

4. Adaptação Rápida a Mudanças: Os mercados estão em
constante evolução, e a capacidade de adaptação é crucial
para a sobrevivência dos negócios. A IA fornece às
pequenas empresas a flexibilidade necessária para se
ajustarem rapidamente a mudanças nas condições de
mercado, regulamentações ou demandas dos
consumidores.

5. Inovação Contínua: A IA é um catalisador para a
inovação, permitindo que pequenas empresas desenvolvam
produtos e serviços inovadores. Algoritmos de aprendizado
de máquina podem impulsionar a criatividade ao analisar
dados e identificar oportunidades não perceptíveis a olho nu.
Isso cria um ambiente propício para a diferenciação no
mercado.

Ao entender e aproveitar essas vantagens, as pequenas
empresas podem se posicionar como concorrentes ágeis e
eficientes, prontas para enfrentar os desafios e explorar as

Revolucionando Pequenos Negócios com a Força da IA
oportunidades oferecidas pelo cenário empresarial moderno.
No próximo capítulo, examinaremos de perto como
identificar as necessidades específicas de uma pequena
empresa e desenvolver estratégias práticas para a
implementação bem-sucedida da IA.

A integração da Inteligência Artificial (IA) nas operações de
pequenas empresas abre portas para um futuro empolgante,
mas, ao mesmo tempo, é crucial abordar alguns mitos
comuns que podem desencorajar a adoção. Estes mitos
podem criar barreiras percebidas, impedindo que empresas
colham os benefícios plenos da IA. Neste capítulo,
desvendaremos esses equívocos e apresentaremos uma
perspectiva clara sobre como a IA pode ser uma aliada
valiosa.

Mitos Comuns sobre o Uso da IA:

1. "A IA Substituirá Totalmente os Empregos Humanos":

- Realidade: Embora a IA possa automatizar tarefas
  repetitivas, ela também cria oportunidades para
  funções mais estratégicas e criativas. A colaboração
  entre humanos e máquinas é essencial, resultando
  em eficiência e inovação.

2. "A Implementação da IA é Complexa e Cara":

- Realidade: Atualmente, existem soluções acessíveis
  e plataformas amigáveis para pequenas empresas. A
  implementação gradual e estratégica permite que as
  empresas se adaptem à IA de acordo com suas
  necessidades e orçamento.

3. "A IA é Apenas para Grandes Empresas":

- Realidade: A IA é escalável e pode ser adaptada a empresas de qualquer porte. Pequenas empresas podem se beneficiar igualmente, ganhando flexibilidade e competitividade em seus mercados.

4. "A IA é Insegura e Incontrolável":

- Realidade: A segurança é uma preocupação válida, mas os avanços na área estão constantes. Implementações éticas e políticas de segurança adequadas garantem o uso responsável da IA.

5. "A IA Não é Relevante para o Meu Setor":

- Realidade: A IA tem aplicações em diversos setores, desde saúde e finanças até varejo e manufatura. Analisar como a IA pode ser customizada para atender às necessidades específicas de cada setor é fundamental.

Ao superar esses mitos, as pequenas empresas podem abraçar a IA com confiança, alavancando suas vantagens competitivas e aproveitando as oportunidades de crescimento. No próximo capítulo, aprofundaremos a avaliação das necessidades específicas de uma pequena empresa e discutiremos estratégias práticas para a implementação bem-sucedida da IA.

Estudos de caso de pequenas empresas bem-sucedidas

Revolucionando Pequenos Negócios com a Força da IA
A melhor maneira de ilustrar os benefícios tangíveis da
Inteligência Artificial (IA) para pequenas empresas é por
meio de estudos de caso que destacam histórias de
sucesso. Nestes exemplos inspiradores, veremos como a
implementação estratégica da IA transformou empresas,
proporcionando vantagens competitivas significativas. Esses
estudos de caso demonstram a adaptabilidade da IA em
diversos setores e mostram como ela pode ser uma força
propulsora para o crescimento e a inovação.

1. HealthTech - Melhorando Diagnósticos com IA

Contexto: Uma pequena empresa inovadora no setor de
tecnologia médica estava comprometida em aprimorar a
eficácia dos diagnósticos médicos. Consciente dos desafios
enfrentados pelos profissionais de saúde, a empresa viu na
Inteligência Artificial (IA) uma oportunidade de transformar
positivamente a prática médica, tornando os diagnósticos
mais rápidos, precisos e acessíveis.

Implementação: A empresa decidiu adotar uma abordagem
baseada em IA, focalizando principalmente na análise de
imagens médicas, como radiografias, tomografias e
ressonâncias magnéticas. Integrou algoritmos avançados de
aprendizado de máquina projetados especificamente para
processar e interpretar essas imagens de maneira rápida e
precisa.

Esses algoritmos foram treinados usando conjuntos
extensivos de dados médicos, permitindo que a IA
reconhecesse padrões complexos que muitas vezes
escapavam da detecção humana. A empresa trabalhou em
estreita colaboração com profissionais de saúde e
radiologistas para garantir que a IA não apenas acelerasse o

Revolucionando Pequenos Negócios com a Força da IA
processo de diagnóstico, mas também aumentasse a
confiabilidade e precisão das interpretações.

A implementação foi gradual, começando com um foco
específico em um tipo de imagem médica e expandindo
progressivamente para outras áreas. A IA foi integrada aos
sistemas existentes, garantindo uma transição suave e
interoperabilidade com as práticas médicas convencionais.

Resultados: Os resultados da implementação foram
notáveis e trouxeram benefícios significativos:

1. **Redução Significativa no Tempo de Diagnóstico:**
   - A IA permitiu uma análise mais rápida e
     eficiente das imagens médicas, reduzindo
     significativamente o tempo necessário para
     emitir diagnósticos. Isso foi crucial para
     situações em que uma resposta rápida é
     essencial.
2. **Melhoria na Eficiência dos Profissionais de
   Saúde:**
   - Ao automatizar parte do processo de análise, a
     IA liberou tempo para os profissionais de
     saúde se concentrarem em tarefas mais
     complexas e na interação direta com os
     pacientes, melhorando a eficiência
     operacional.
3. **Precisão Aprimorada nos Diagnósticos:**
   - A IA, ao identificar padrões sutis e fornecer
     insights adicionais, aprimorou a precisão dos
     diagnósticos. Isso resultou em um aumento da
     confiança nos resultados e na melhoria geral
     na qualidade dos cuidados médicos.
4. **Resultados Positivos para os Pacientes:**

Revolucionando Pequenos Negócios com a Força da IA
- o Os diagnósticos mais rápidos e precisos levaram a tratamentos mais eficazes e, consequentemente, a melhores resultados para os pacientes. A implementação da IA teve um impacto direto na saúde e bem-estar daqueles atendidos pelos profissionais de saúde da empresa.

A aplicação de Inteligência Artificial (IA) para melhorar diagnósticos médicos é uma realidade e já está sendo implementada em diversos casos ao redor do mundo. Algoritmos de aprendizado de máquina, em particular, têm demonstrado grande potencial na interpretação de imagens médicas e no auxílio aos profissionais de saúde. Alguns exemplos específicos incluem:

1. **Diagnóstico de Radiologia:**
   - o Algoritmos de IA têm sido empregados para analisar radiografias, identificar padrões associados a condições médicas específicas, como fraturas, tumores, ou anomalias. Isso pode acelerar o processo de interpretação radiológica.
2. **Tomografia Computadorizada (TC) e Ressonância Magnética (RM):**
   - o Algoritmos de IA são capazes de analisar imagens de TC e RM para detecção precoce de lesões, tumores, e outras condições médicas. A IA pode oferecer insights adicionais que podem ser cruciais para diagnósticos precisos.
3. **Detecção de Anomalias em Exames de Imagem:**
   - o IA pode ser utilizada para identificar anomalias e padrões em exames de imagem, como mamografias para detecção precoce de

Revolucionando Pequenos Negócios com a Força da IA
câncer de mama, ou exames oftalmológicos para identificação de doenças oculares.

4. **Patologia Digital:**
   - Algoritmos de IA são aplicados na análise de amostras digitais em patologia, auxiliando patologistas na identificação de características específicas em tecidos.

5. **Diagnóstico por Imagem em Dermatologia:**
   - Sistemas de IA têm sido treinados para reconhecer padrões em imagens de pele, auxiliando na identificação de condições dermatológicas.

Essas aplicações de IA não substituem a expertise e julgamento clínico dos profissionais de saúde, mas funcionam como ferramentas de suporte, proporcionando análises rápidas e precisas que podem complementar e aprimorar o processo de diagnóstico.

É importante notar que essas tecnologias devem passar por rigorosos testes clínicos e regulatórios para garantir sua eficácia e segurança antes de serem amplamente adotadas na prática clínica. Cada implementação específica pode variar de acordo com a natureza da aplicação e as características do sistema de saúde em que está sendo implementada.

Este estudo de caso destaca como a aplicação estratégica da IA no setor de saúde pode oferecer benefícios tangíveis, melhorando não apenas a eficiência operacional, mas também a qualidade dos serviços e resultados para os pacientes. No próximo capítulo, discutiremos abordagens práticas para a implementação de IA em pequenas empresas.

2. *E-commerce: Otimização de Recomendações para Clientes*

Contexto: Uma pequena empresa de comércio eletrônico, especializada na venda de produtos variados, enfrentava o desafio comum de garantir que os clientes encontrassem produtos relevantes e interessantes durante sua experiência de compra online. A empresa reconheceu a importância de aprimorar a personalização das recomendações de produtos para atender às crescentes expectativas dos consumidores e se destacar em um mercado competitivo.

Implementação: A empresa decidiu adotar uma abordagem baseada em Inteligência Artificial para aprimorar a experiência de compra dos clientes. Implementou algoritmos avançados de aprendizado de máquina que analisavam não apenas o histórico de compras, mas também o comportamento de navegação, tempo de permanência em páginas específicas e interações anteriores com o site.

Esses algoritmos eram capazes de identificar padrões complexos e sutis, proporcionando uma compreensão mais profunda das preferências individuais de cada cliente. A IA utilizava técnicas de processamento de linguagem natural para interpretar feedbacks escritos pelos clientes em avaliações de produtos, incorporando esse conhecimento à geração de recomendações personalizadas.

As recomendações eram dinâmicas e adaptáveis, ajustando-se em tempo real às mudanças nas preferências dos clientes. A implementação foi gradual, permitindo que a empresa testasse e refinasse continuamente os algoritmos com base no feedback dos clientes.

Revolucionando Pequenos Negócios com a Força da IA
Resultados: Os impactos positivos da implementação foram notáveis:

1. **Aumento Significativo nas Taxas de Conversão:** Com recomendações mais precisas e relevantes, os clientes estavam mais propensos a explorar e comprar produtos sugeridos. Isso resultou em um aumento notável nas taxas de conversão, transformando visitantes em clientes ativos.
2. **Satisfação do Cliente Aprimorada:** Os clientes relataram uma experiência de compra mais agradável e eficiente. Sentiam que a empresa estava compreendendo suas necessidades e interesses de maneira mais personalizada, criando um ambiente de compra mais envolvente e satisfatório.
3. **Maior Fidelidade à Marca:** A personalização das recomendações fortaleceu a relação entre a empresa e seus clientes. Com uma experiência de compra mais alinhada às preferências individuais, os clientes tornaram-se mais propensos a retornar para futuras compras, aumentando a fidelidade à marca.

Este estudo de caso destaca como a implementação estratégica da IA pode não apenas resolver desafios específicos, mas também criar uma experiência única e personalizada para os clientes, resultando em benefícios tangíveis para a empresa. No próximo capítulo, discutiremos como as pequenas empresas podem avaliar suas necessidades específicas e desenvolver estratégias práticas para a implementação bem-sucedida da IA.

Atualmente existem diversas tecnologias de Inteligência Artificial (IA) que são capazes de realizar a otimização de recomendações para clientes em plataformas de comércio eletrônico. Essas soluções empregam algoritmos

Revolucionando Pequenos Negócios com a Força da IA avançados de aprendizado de máquina, processamento de linguagem natural e análise de dados para compreender o comportamento do cliente e oferecer recomendações personalizadas. Alguns exemplos de tecnologias e métodos utilizados incluem:

1. **Filtragem Colaborativa:**
   - Algoritmos que analisam padrões de comportamento de compra de usuários semelhantes para fazer recomendações. Isso é baseado na ideia de que usuários com históricos de compra semelhantes provavelmente terão interesses comuns.
2. **Análise Preditiva:**
   - Utilização de modelos preditivos para antecipar as preferências dos clientes com base em seus comportamentos passados. Esses modelos podem prever quais produtos os clientes podem estar interessados com base em suas atividades anteriores.
3. **Processamento de Linguagem Natural (PLN):**
   - Análise de comentários, avaliações e feedbacks dos clientes para compreender as preferências e sentimentos dos usuários em relação aos produtos. Isso ajuda a personalizar as recomendações de acordo com as preferências individuais.
4. **Redes Neurais Profundas:**
   - Modelos de aprendizado de máquina mais complexos, como redes neurais profundas, que são capazes de aprender representações mais complexas dos dados, levando a recomendações mais precisas e personalizadas.

5. **Sistemas de Recomendação Baseados em Conteúdo:**
   - Analisam características específicas dos produtos e preferências declaradas pelos usuários para gerar recomendações personalizadas.

Empresas de tecnologia e plataformas de comércio eletrônico muitas vezes integram essas técnicas em seus sistemas para aprimorar a experiência do usuário, aumentar as taxas de conversão e fomentar a fidelidade à marca. É importante notar que a escolha da tecnologia específica pode depender das necessidades e recursos específicos de cada empresa.

3. Manufacturing - Manutenção Preditiva com IA

Contexto: Uma pequena empresa no setor de manufatura enfrentava desafios relacionados à manutenção de seus equipamentos. Paradas não planejadas, devido a falhas em máquinas críticas, resultavam em custos elevados de reparo e tempo de inatividade significativo. A empresa buscava uma solução que melhorasse a eficiência operacional, reduzisse custos e otimizasse o ciclo de vida de seus equipamentos.

Implementação: A empresa decidiu adotar a abordagem de manutenção preditiva utilizando Inteligência Artificial (IA). O processo de implementação envolveu os seguintes passos:

1. **Monitoramento de Sensores:**
   - Foram instalados sensores em máquinas críticas para coletar dados em tempo real sobre variáveis como temperatura, vibração, pressão e outras métricas relevantes.

2. **Aquisição e Processamento de Dados:**
   - o Os dados coletados pelos sensores foram integrados a um sistema centralizado, onde passaram por processamento e análise. Algoritmos de IA foram aplicados para identificar padrões e anomalias nos dados.
3. **Modelagem Preditiva:**
   - o Com base nos dados históricos e padrões identificados, foram construídos modelos preditivos. Esses modelos foram treinados para prever possíveis falhas ou necessidades de manutenção com antecedência.
4. **Definição de Indicadores de Desempenho:**
   - o Indicadores de desempenho foram estabelecidos para determinar quando a manutenção era necessária. Isso incluiu a definição de limiares para alertas e intervenções preventivas.
5. **Integração com Sistemas de Gerenciamento:**
   - o Os resultados da análise preditiva foram integrados aos sistemas de gerenciamento existentes da empresa. Isso permitiu que a equipe de manutenção recebesse alertas em tempo real e planejasse intervenções antes que ocorressem falhas críticas.

Resultados: A implementação da manutenção preditiva com IA trouxe uma série de benefícios significativos:

1. **Redução de Custos de Manutenção:**
   - o Ao antecipar falhas e programar intervenções antes que se tornassem críticas, a empresa reduziu os custos associados a reparos de emergência e substituição de peças.
2. **Minimização do Tempo de Inatividade:**

Revolucionando Pequenos Negócios com a Força da IA
  - o A capacidade de prever falhas permitiu que a empresa agisse proativamente, evitando paradas não planejadas e minimizando o tempo de inatividade de seus equipamentos.
3. **Aumento da Vida Útil dos Equipamentos:**
  - o A manutenção preditiva contribuiu para a otimização do ciclo de vida dos equipamentos, estendendo sua durabilidade e adiando a necessidade de substituição.
4. **Melhoria na Eficiência Operacional:**
  - o A empresa ganhou eficiência ao otimizar o uso de recursos de manutenção, direcionando-os de forma mais precisa e eficaz.

Este estudo de caso destaca como a implementação de manutenção preditiva com IA em uma empresa de manufatura pode resultar em benefícios substanciais, melhorando a confiabilidade operacional e reduzindo custos associados à manutenção. No próximo capítulo, discutiremos estratégias práticas para a implementação bem-sucedida de IA em pequenas empresas.

Existem diversas plataformas e frameworks de Inteligência Artificial (IA) que podem ser utilizados para implementar sistemas de manutenção preditiva em ambientes de manufatura. A escolha da tecnologia específica dependerá das necessidades e recursos da empresa. Algumas das tecnologias comumente utilizadas incluem:

1. **TensorFlow:**
  - o TensorFlow é uma biblioteca de código aberto para aprendizado de máquina e IA desenvolvida pelo Google. Ele oferece uma ampla gama de ferramentas para construir modelos de aprendizado de máquina,

Revolucionando Pequenos Negócios com a Força da IA
incluindo modelos de previsão para manutenção preditiva.

2. **Scikit-learn:**
   o Scikit-learn é uma biblioteca em código aberto para aprendizado de máquina em Python. Ela fornece ferramentas simples e eficientes para análise preditiva, incluindo técnicas úteis para problemas de classificação e regressão, que podem ser aplicadas à manutenção preditiva.

3. **Keras:**
   o Keras é uma interface de alto nível para redes neurais, também em Python. Ele pode ser utilizado em conjunto com TensorFlow para facilitar a construção e treinamento de modelos de aprendizado de máquina.

4. **Microsoft Azure Machine Learning:**
   o A plataforma Azure da Microsoft oferece uma variedade de serviços de aprendizado de máquina, incluindo ferramentas para construção, treinamento e implementação de modelos preditivos. O Azure Machine Learning Studio é uma ferramenta poderosa para experimentação e desenvolvimento de modelos.

5. **IBM Watson Studio:**
   o O Watson Studio da IBM é uma plataforma abrangente que fornece recursos para desenvolvimento de modelos de IA. Ele oferece ferramentas para análise de dados, desenvolvimento de modelos e implementação de soluções de IA.

6. **MATLAB:**
   o MATLAB é uma plataforma amplamente utilizada para computação numérica e desenvolvimento de algoritmos. Oferece

Revolucionando Pequenos Negócios com a Força da IA
ferramentas específicas para aplicação de técnicas de aprendizado de máquina em problemas práticos.

7. **OpenCV:**
   - OpenCV (Open Source Computer Vision Library) é uma biblioteca de visão computacional que pode ser usada para processamento de imagens. É comumente utilizado em casos de análise de imagens para detecção de falhas em equipamentos.

Ao implementar um sistema de manutenção preditiva, é essencial adaptar a solução às necessidades específicas da empresa, considerando fatores como o tipo de equipamento, os sensores disponíveis e os objetivos de manutenção. Além disso, muitas soluções de fornecedores específicos de IoT (Internet das Coisas) oferecem integração com algoritmos de IA para manutenção preditiva.

Outras plataformas em soluções de Inteligência Artificial (IA) que oferecem funcionalidades específicas para a implementação de sistemas de manutenção preditiva em ambientes de manufatura. Aqui estão algumas soluções e plataformas que se destacam nesse contexto:

1. **AWS IoT Analytics:**
   - A Amazon Web Services (AWS) oferece soluções para Internet das Coisas (IoT) e análise de dados. O AWS IoT Analytics é uma plataforma que permite coletar, processar e analisar dados de sensores para prever falhas e realizar manutenção preditiva.
2. **Microsoft Azure IoT Suite:**
   - A Microsoft Azure fornece uma suíte completa de serviços IoT, incluindo ferramentas para

Revolucionando Pequenos Negócios com a Força da IA
coleta de dados, análise preditiva e implementação de soluções de manutenção preditiva.

3. **IBM Watson IoT:**
   - A IBM oferece o Watson IoT, que combina recursos de IoT com análise de dados avançada. Ele pode ser utilizado para prever falhas em equipamentos e otimizar operações de manufatura.
4. **Predix da GE Digital:**
   - Predix é uma plataforma específica para aplicações industriais da GE Digital. Oferece funcionalidades para monitoramento de ativos, manutenção preditiva e análise de desempenho em ambientes industriais.
5. **SAP Predictive Maintenance and Service:**
   - A SAP fornece soluções avançadas para manutenção preditiva, que integram dados de sensores com algoritmos de aprendizado de máquina para prever falhas em equipamentos e reduzir o tempo de inatividade.
6. **PTC ThingWorx:**
   - ThingWorx, da PTC, é uma plataforma de IoT que oferece recursos para monitoramento de ativos e manutenção preditiva. Ela permite a criação de aplicativos personalizados para gerenciar ativos industriais.
7. **MATLAB Predictive Maintenance Toolbox:**
   - A MathWorks oferece a Predictive Maintenance Toolbox, uma ferramenta que permite a implementação de modelos preditivos em MATLAB para prever falhas em sistemas mecânicos.

Revolucionando Pequenos Negócios com a Força da IA
Essas soluções geralmente combinam recursos de IoT, processamento de dados em tempo real e algoritmos de IA para criar sistemas robustos de manutenção preditiva. É importante avaliar as necessidades específicas da empresa e escolher a plataforma ou solução que melhor se adapte ao ambiente de manufatura e aos requisitos operacionais.

Capítulo 3: Tipos de Tecnologias de IA para Pequenas Empresas

Aprendizado de Máquina (Machine Learning)

O Aprendizado de Máquina, ou Machine Learning (ML), representa uma das vertentes mais poderosas da Inteligência Artificial (IA) e desempenha um papel central nas transformações tecnológicas para pequenas empresas. Este capítulo explora os fundamentos, aplicações práticas e benefícios do Aprendizado de Máquina para impulsionar a eficiência operacional e a inovação em ambientes empresariais de menor escala.

Definição de Aprendizado de Máquina: O Aprendizado de Máquina refere-se à capacidade de sistemas computacionais aprenderem padrões e tomar decisões com base em dados, sem uma programação explícita para cada tarefa. Ele se divide em três categorias principais: aprendizado supervisionado, aprendizado não supervisionado e aprendizado por reforço.

Aplicações Práticas em Pequenas Empresas:

1. **Análise de Dados:**

Revolucionando Pequenos Negócios com a Força da IA

- o O ML capacita as pequenas empresas a extrair insights significativos de grandes conjuntos de dados, identificando padrões que podem orientar decisões estratégicas.

2. **Atendimento ao Cliente:**
   - o Chatbots baseados em ML podem aprimorar o atendimento ao cliente, oferecendo respostas personalizadas e resolvendo consultas com eficiência.
3. **Previsão de Demanda:**
   - o O ML pode analisar históricos de vendas e comportamentos de compra para prever demandas futuras, otimizando os níveis de estoque e evitando excessos ou faltas.
4. **Personalização de Experiência do Cliente:**
   - o Recomendações personalizadas e ofertas adaptadas, impulsionadas por algoritmos de ML, melhoram a experiência do cliente e promovem a fidelidade à marca.
5. **Detecção de Fraudes:**
   - o Algoritmos de ML podem analisar padrões de transações para identificar atividades suspeitas, fortalecendo a segurança financeira das pequenas empresas.

Benefícios para Pequenas Empresas:

1. **Eficiência Operacional:**
   - o Automação de tarefas repetitivas e análise de dados complexos permitem maior eficiência nos processos de negócios.
2. **Tomada de Decisão Informada:**
   - o ML fornece insights valiosos para respaldar decisões estratégicas, baseando-se em padrões identificados nos dados.

3. **Competitividade:**
    - Pequenas empresas podem competir em pé de igualdade com concorrentes maiores, aproveitando as capacidades preditivas do ML para inovação e diferenciação.
4. **Personalização e Satisfação do Cliente:**
    - Oferecer experiências personalizadas impulsiona a satisfação do cliente, criando lealdade e promovendo boca a boca positivo.

Este capítulo fornece uma introdução abrangente ao Aprendizado de Máquina, destacando seu papel vital no avanço das operações e estratégias de pequenas empresas. No próximo segmento, exploraremos outras tecnologias de IA relevantes e seu potencial impacto positivo para empresas de menor porte.

Processamento de Linguagem Natural (PNL)

O Processamento de Linguagem Natural (PNL) é uma faceta fascinante da Inteligência Artificial que permite que máquinas compreendam, interpretem e respondam à linguagem humana de maneira natural. Neste capítulo, exploraremos os fundamentos do PNL, suas aplicações práticas e os benefícios que oferece para aprimorar a comunicação e interação em pequenas empresas.

Definição de Processamento de Linguagem Natural: O PNL é uma disciplina de IA que se concentra na interação entre computadores e linguagem humana. Ele envolve a capacidade de entender o significado contextual, semântica e sintática por trás das palavras e frases, permitindo que as

Revolucionando Pequenos Negócios com a Força da IA
máquinas processem, interpretem e respondam à linguagem
escrita ou falada.

Aplicações Práticas em Pequenas Empresas:

1. **Atendimento ao Cliente Automatizado:**
   o Sistemas de chatbot baseados em PNL podem responder a consultas de clientes, fornecer informações e encaminhar solicitações, oferecendo um atendimento instantâneo e eficiente.
2. **Análise de Sentimento:**
   o Ferramentas de PNL podem analisar opiniões e feedbacks online para avaliar o sentimento do cliente em relação a produtos, serviços ou marca.
3. **Extração de Informações:**
   o Automatização na extração de informações valiosas de grandes volumes de texto, como relatórios, e-mails ou documentos, economizando tempo e recursos.
4. **Tradução Automática:**
   o Ferramentas de PNL são capazes de traduzir automaticamente textos entre idiomas, facilitando a comunicação em ambientes multiculturais ou expandindo a presença online.
5. **Automação de Respostas por E-mail:**
   o Respostas automáticas de e-mails baseadas em PNL podem classificar e responder a mensagens, otimizando a comunicação e gerenciamento de correspondências eletrônicas.

Revolucionando Pequenos Negócios com a Força da IA
Benefícios para Pequenas Empresas:

1. **Eficiência na Comunicação:**
   - PNL facilita a comunicação eficaz entre a empresa e seus clientes, parceiros e colaboradores, reduzindo a barreira linguística.
2. **Automatização de Tarefas:**
   - Ao automatizar respostas e análises de texto, as pequenas empresas podem economizar tempo e recursos, concentrando-se em tarefas mais estratégicas.
3. **Entendimento Contextual:**
   - PNL permite que as máquinas entendam o contexto por trás das interações, resultando em respostas mais relevantes e personalizadas.
4. **Melhoria na Experiência do Cliente:**
   - Oferecer respostas rápidas e personalizadas contribui para uma experiência do cliente mais positiva, promovendo a lealdade à marca.
5. **Análise de Dados Eficiente:**
   - Ferramentas de PNL podem processar grandes conjuntos de dados de texto, fornecendo insights valiosos para tomada de decisões informada.

Este capítulo destaca a importância do Processamento de Linguagem Natural como uma ferramenta valiosa para melhorar a comunicação e interação em pequenas empresas. No próximo segmento, exploraremos mais tecnologias de IA relevantes e suas aplicações específicas para ambientes empresariais de menor porte.

Visão Computacional

Revolucionando Pequenos Negócios com a Força da IA
A Visão Computacional é uma disciplina da Inteligência Artificial que capacita sistemas a interpretar e entender informações visuais a partir de imagens ou vídeos. Neste capítulo, exploraremos os conceitos fundamentais da Visão Computacional, suas aplicações práticas e como essa tecnologia pode ser aproveitada por pequenas empresas para aprimorar processos, inovar e oferecer experiências visualmente enriquecidas.

Definição de Visão Computacional: A Visão Computacional envolve o desenvolvimento de algoritmos e modelos que possibilitam que máquinas compreendam e interpretem o conteúdo visual de imagens ou vídeos. Isso inclui a capacidade de reconhecer objetos, padrões, faces e realizar diversas tarefas relacionadas à análise visual.

Aplicações Práticas em Pequenas Empresas:

1. **Controle de Qualidade:**
   - A Visão Computacional pode ser utilizada para inspecionar visualmente produtos, identificando defeitos ou irregularidades em processos de fabricação.
2. **Reconhecimento de Produtos:**
   - Sistemas de Visão Computacional podem identificar produtos em estoque ou no ponto de venda, facilitando a gestão de inventário e o monitoramento de vendas.
3. **Segurança:**
   - Sistemas de vigilância baseados em Visão Computacional podem detectar atividades suspeitas em locais comerciais, promovendo a segurança do ambiente.
4. **Personalização de Experiência do Cliente:**

Revolucionando Pequenos Negócios com a Força da IA

- o A análise visual pode ser utilizada para identificar preferências do cliente, permitindo ofertas personalizadas e experiências de compra mais envolventes.

5. **Leitura Óptica de Documentos:**
   - o A Visão Computacional facilita a leitura e interpretação de informações de documentos, acelerando processos de gerenciamento de dados.

Benefícios para Pequenas Empresas:

1. **Aumento da Eficiência Operacional:**
   - o A automação de tarefas visuais, como inspeção de produtos, resulta em processos mais eficientes e redução de erros.
2. **Melhoria na Gestão de Estoque:**
   - o A identificação visual de produtos contribui para uma gestão de estoque mais precisa, evitando faltas ou excessos.
3. **Segurança Aprimorada:**
   - o Sistemas de vigilância baseados em Visão Computacional fortalecem a segurança física e patrimonial da empresa.
4. **Diferenciação Competitiva:**
   - o A incorporação de tecnologias visuais pode diferenciar pequenas empresas, oferecendo inovação e experiências únicas aos clientes.
5. **Análise de Dados Visuais:**
   - o A interpretação de dados visuais fornece insights valiosos para tomada de decisões estratégicas e compreensão do comportamento do cliente.

Revolucionando Pequenos Negócios com a Força da IA
Este capítulo destaca a importância da Visão Computacional como uma ferramenta poderosa para pequenas empresas explorarem e otimizarem tarefas visuais em diversas áreas. Nos próximos segmentos, examinaremos outras tecnologias de IA relevantes para ambientes empresariais de menor porte.

Sistemas Especialistas

Os Sistemas Especialistas representam uma categoria de Inteligência Artificial que busca replicar o conhecimento e a expertise de um especialista humano em um domínio específico. Neste capítulo, exploraremos os princípios fundamentais dos Sistemas Especialistas, suas aplicações práticas e como pequenas empresas podem utilizar essa tecnologia para aprimorar a tomada de decisões e resolver desafios específicos em seus setores.

Definição de Sistemas Especialistas: Os Sistemas Especialistas são programas de computador projetados para imitar a tomada de decisões de um especialista humano em um campo específico. Eles utilizam regras lógicas, conhecimento prévio e inferência para resolver problemas complexos dentro de um domínio determinado.

Aplicações Práticas em Pequenas Empresas:

1. **Assistência à Tomada de Decisões:**
   - Sistemas Especialistas podem auxiliar pequenos empresários na análise de dados e informações complexas, oferecendo insights para tomadas de decisões estratégicas.
2. **Suporte Técnico Automatizado:**
   - Implementar um sistema especialista pode fornecer suporte técnico automatizado,

Revolucionando Pequenos Negócios com a Força da IA
ajudando clientes e colaboradores a solucionar
problemas específicos.

3. **Diagnóstico em Saúde:**
   - Em setores como clínicas médicas ou farmácias, Sistemas Especialistas podem ajudar na identificação preliminar de sintomas e oferecer recomendações não invasivas.
4. **Avaliação de Riscos Financeiros:**
   - Para pequenas empresas no setor financeiro, Sistemas Especialistas podem avaliar riscos, analisar créditos e fornecer recomendações para decisões de investimento.
5. **Personalização de Recomendações:**
   - Em comércio eletrônico, Sistemas Especialistas podem analisar o histórico de compras e preferências do cliente para fornecer recomendações personalizadas.

Benefícios para Pequenas Empresas:

1. **Eficiência na Tomada de Decisões:**
   - Ao automatizar processos decisórios, os Sistemas Especialistas aumentam a eficiência e reduzem o tempo dedicado a análises complexas.
2. **Redução de Erros:**
   - A consistência na aplicação de regras lógicas reduz a probabilidade de erros humanos em processos decisórios.
3. **Acesso a Conhecimento Especializado:**
   - Mesmo com recursos limitados, pequenas empresas podem acessar conhecimento especializado através da implementação de Sistemas Especialistas.
4. **Atendimento ao Cliente Aprimorado:**

Revolucionando Pequenos Negócios com a Força da IA

- o Ao fornecer suporte técnico automatizado, as empresas podem melhorar a experiência do cliente, solucionando problemas de forma rápida e precisa.

5. **Adaptação a Mudanças:**
   - o Sistemas Especialistas podem ser facilmente adaptados para incorporar novos conhecimentos ou ajustar regras de decisão, permitindo flexibilidade diante de mudanças no ambiente de negócios.

Este capítulo destaca a importância dos Sistemas Especialistas como ferramentas inteligentes para pequenas empresas, capacitando-as a tomar decisões informadas e enfrentar desafios específicos em seus respectivos setores. Nas próximas seções, continuaremos explorando outras tecnologias de IA relevantes para ambientes empresariais de menor porte.

Capítulo 4: Implementação da IA em Pequenas Empresas

Avaliação das Necessidades Específicas da Empresa

A implementação bem-sucedida da Inteligência Artificial (IA) em pequenas empresas começa com uma avaliação cuidadosa das necessidades específicas da organização. Neste capítulo, discutiremos a importância desse processo e como pequenos empresários podem identificar oportunidades para aproveitar ao máximo as tecnologias de

Revolucionando Pequenos Negócios com a Força da IA
IA, alinhando-as aos objetivos estratégicos e desafios únicos enfrentados por suas empresas.

Compreensão dos Objetivos de Negócios: Antes de incorporar qualquer tecnologia de IA, é crucial que os líderes empresariais tenham uma compreensão clara dos objetivos estratégicos da empresa. Identificar áreas que podem se beneficiar significativamente da automação, otimização ou inovação é o primeiro passo para uma implementação eficaz.

Avaliação dos Processos de Negócios: Realizar uma avaliação detalhada dos processos de negócios existentes é essencial. Isso permite identificar tarefas repetitivas, demoradas ou suscetíveis a erros que podem ser aprimoradas ou automatizadas por meio de soluções de IA. A análise crítica dos fluxos de trabalho ajuda a determinar onde a implementação da IA pode agregar mais valor.

Identificação de Desafios e Oportunidades: A IA pode ser uma ferramenta poderosa para resolver desafios específicos enfrentados por pequenas empresas. Seja na otimização da cadeia de suprimentos, na melhoria da experiência do cliente ou na análise de dados, identificar os desafios e oportunidades específicos ajudará a direcionar os esforços de implementação para áreas de impacto mais significativo.

Consideração dos Recursos Disponíveis: É crucial avaliar os recursos disponíveis, tanto financeiros quanto técnicos. Pequenas empresas podem começar com soluções mais acessíveis e escalonáveis, considerando opções de IA que se alinhem ao orçamento e à infraestrutura tecnológica existente.

Colaboração com Especialistas em IA: A colaboração com profissionais especializados em IA ou consultores pode ser valiosa. Especialistas podem ajudar a avaliar as necessidades específicas da empresa, recomendar soluções adequadas e orientar a implementação de maneira eficaz.

Desenvolvimento de uma Estratégia de Implementação: Com base na avaliação das necessidades, desafios e recursos, é essencial desenvolver uma estratégia clara de implementação de IA. Isso inclui a definição de metas específicas, a escolha das tecnologias apropriadas e a elaboração de um plano de implementação gradual.

Treinamento e Engajamento dos Colaboradores: O sucesso da implementação de IA depende, em grande parte, do envolvimento e capacitação dos colaboradores. Fornecer treinamento adequado e comunicar claramente os benefícios da IA ajuda a criar uma cultura organizacional favorável à adoção dessas tecnologias.

Ao avaliar as necessidades específicas da empresa de maneira abrangente, as pequenas empresas podem maximizar os benefícios da IA, impulsionando a eficiência operacional, inovação e crescimento sustentável. No próximo capítulo, exploraremos estratégias práticas para a escolha e implementação de tecnologias de IA específicas, considerando as características únicas das pequenas empresas.

Desenvolvimento de uma Estratégia de Implementação

O desenvolvimento de uma estratégia de implementação é um passo crucial para garantir que a Inteligência Artificial

Revolucionando Pequenos Negócios com a Força da IA
(IA) seja integrada de forma eficaz e alinhada aos objetivos da pequena empresa. Neste capítulo, exploraremos os elementos essenciais para criar uma estratégia de implementação bem-sucedida, considerando os recursos disponíveis, os desafios específicos e as metas comerciais.

1. Estabelecimento de Objetivos Claros:

- Defina objetivos específicos e mensuráveis para a implementação da IA. Esses objetivos devem estar alinhados aos objetivos estratégicos da empresa, como aumento da eficiência, melhorias na experiência do cliente ou inovação de produtos.

2. Avaliação de Recursos e Orçamento:

- Avalie os recursos financeiros e técnicos disponíveis para a implementação da IA. Considere soluções escalonáveis que se encaixem no orçamento da empresa e que possam ser integradas de maneira eficiente à infraestrutura existente.

3. Identificação de Áreas de Impacto Significativo:

- Identifique áreas específicas da operação da empresa onde a IA pode ter o maior impacto. Isso pode incluir automação de processos, melhoria na análise de dados ou personalização de serviços.

4. Escolha das Tecnologias Adequadas:

- Selecione as tecnologias de IA mais adequadas para atender aos objetivos da empresa. Isso pode envolver a escolha de soluções prontas ou o desenvolvimento

Revolucionando Pequenos Negócios com a Força da IA
de soluções personalizadas, dependendo das necessidades específicas.

5. Elaboração de um Plano de Implementação Gradual:

- Desenvolva um plano de implementação passo a passo. Comece com projetos-piloto em áreas específicas para avaliar a eficácia da IA antes de uma implementação mais ampla. Isso permite ajustes com base em feedbacks e experiências iniciais.

6. Treinamento e Desenvolvimento de Competências:

- Invista em programas de treinamento para capacitar os colaboradores na compreensão e utilização eficaz das tecnologias de IA. Isso promove uma transição suave e maximiza o potencial da equipe.

7. Monitoramento Contínuo e Aprendizado:

- Estabeleça métricas de desempenho e implemente sistemas de monitoramento contínuo para avaliar o impacto da IA ao longo do tempo. Esteja preparado para ajustar estratégias com base nos resultados e no feedback recebido.

8. Integração com a Cultura Organizacional:

- Certifique-se de que a implementação da IA esteja alinhada com a cultura organizacional da empresa. Comunique claramente os benefícios da IA para promover uma mentalidade positiva e uma aceitação mais ampla entre os colaboradores.

9. Consideração Ética e de Privacidade:

- Ao implementar IA, considere questões éticas e de privacidade. Garanta a conformidade com regulamentações e padrões éticos, protegendo dados sensíveis e respeitando a privacidade dos clientes e colaboradores.

10. Avaliação de Resultados e Ajustes:

- Regularmente avalie os resultados alcançados em relação aos objetivos estabelecidos. Esteja disposto a fazer ajustes na estratégia com base nas lições aprendidas e nas mudanças nas condições de mercado.

Ao seguir esses passos e desenvolver uma estratégia de implementação sólida, as pequenas empresas podem integrar a IA de maneira eficiente, impulsionando a inovação, otimizando processos e alcançando metas estratégicas. No próximo capítulo, exploraremos escolhas específicas de tecnologias de IA e suas implementações práticas em ambientes empresariais de menor porte.

Treinamento de Pessoal e Capacitação

O sucesso na implementação da Inteligência Artificial (IA) em pequenas empresas está intrinsecamente ligado ao treinamento e capacitação efetiva dos colaboradores. Neste capítulo, exploraremos a importância do treinamento de pessoal, estratégias para capacitação e como criar uma cultura organizacional que abrace as mudanças trazidas pela IA.

Revolucionando Pequenos Negócios com a Força da IA

1. Compreensão da IA pelos Colaboradores:

- Inicie o processo de treinamento com uma compreensão clara do que é a IA e como ela será incorporada nos processos de trabalho. Esclareça os benefícios para a empresa e os colaboradores, destacando oportunidades de melhoria e inovação.

2. Treinamento Básico em Conceitos de IA:

- Forneça treinamento básico em conceitos de IA, abordando temas como aprendizado de máquina, processamento de linguagem natural e visão computacional. Utilize materiais educativos, workshops e recursos online para oferecer uma base sólida.

3. Capacitação em Ferramentas e Plataformas Específicas:

- Se a implementação envolver o uso de ferramentas ou plataformas específicas de IA, forneça treinamento prático nessas soluções. Isso permite que os colaboradores se familiarizem com as interfaces e maximizem o uso das tecnologias.

4. Envolvimento em Projetos-Piloto:

- Inicie projetos-piloto que permitam que os colaboradores apliquem os conhecimentos adquiridos na prática. Isso não apenas fortalece a compreensão da IA, mas também demonstra os benefícios tangíveis das tecnologias implementadas.

5. Desenvolvimento de Habilidades Analíticas:

- Incentive o desenvolvimento de habilidades analíticas entre os colaboradores. A IA muitas vezes lida com grandes volumes de dados, e a capacidade de interpretar e analisar informações é crucial para o sucesso na utilização dessas tecnologias.

6. Foco em Habilidades Complementares:

- Além das habilidades técnicas, destaque a importância de habilidades complementares, como raciocínio crítico, resolução de problemas e comunicação. Essas habilidades são essenciais para aproveitar ao máximo o potencial da IA.

7. Aprendizado Contínuo:

- A IA é uma área em constante evolução. Estimule uma cultura de aprendizado contínuo, incentivando os colaboradores a se manterem atualizados sobre as últimas tendências, participando de cursos online, webinars e eventos relacionados à IA.

8. Apoio de Especialistas em IA:

- Facilite a colaboração com especialistas em IA. Isso pode envolver workshops especializados, sessões de consultoria ou parcerias com profissionais externos que possam fornecer orientação e suporte.

9. Feedback e Adaptação:

- Estabeleça canais de feedback para que os colaboradores possam expressar preocupações,

Revolucionando Pequenos Negócios com a Força da IA
compartilhar insights e sugerir melhorias. Use esse
feedback para adaptar os programas de treinamento
e garantir uma abordagem personalizada.

10. Construção de uma Cultura Inovadora:

- Promova uma cultura organizacional que valorize a
inovação e a experimentação. Encoraje os
colaboradores a contribuir com ideias e soluções,
criando um ambiente propício para a integração bem-
sucedida da IA.

Ao investir no treinamento e capacitação de pessoal, as
pequenas empresas podem superar desafios iniciais,
maximizando o potencial da IA e promovendo uma transição
suave para uma era digital mais avançada. No próximo
capítulo, exploraremos casos de estudo específicos de
pequenas empresas que implementaram com sucesso
tecnologias de IA.

Capítulo 5: Ferramentas e Plataformas Disponíveis

Visão Geral das Ferramentas Acessíveis para Pequenas Empresas

A incorporação de Inteligência Artificial (IA) em pequenas
empresas é facilitada por uma variedade crescente de
ferramentas e plataformas acessíveis. Neste capítulo,
forneceremos uma visão geral das opções disponíveis,
destacando ferramentas que atendem às necessidades

Revolucionando Pequenos Negócios com a Força da IA
específicas das pequenas empresas, tanto em termos de
funcionalidade quanto de acessibilidade.

1. Automatização de Processos com Zapier:

- O Zapier é uma ferramenta de automação que
  permite integrar diversas aplicações e automatizar
  processos entre elas. Pequenas empresas podem
  aproveitar o Zapier para otimizar tarefas diárias, como
  o compartilhamento de dados entre aplicativos.

2. Análise de Dados com Google Analytics:

- O Google Analytics oferece recursos poderosos para
  análise de dados, permitindo que as pequenas
  empresas compreendam o comportamento dos
  usuários em seus sites. Essa ferramenta é essencial
  para tomar decisões informadas sobre estratégias de
  marketing e experiência do usuário.

3. Chatbots com Chatfuel:

- Para empresas que buscam incorporar chatbots em
  suas comunicações online, o Chatfuel é uma
  plataforma amigável que permite a criação de
  chatbots eficazes no Facebook Messenger. Ideal para
  melhorar o atendimento ao cliente e a interação
  online.

4. Automatização de Marketing com Mailchimp:

- O Mailchimp é uma plataforma de automação de
  marketing que oferece funcionalidades robustas,
  desde o envio de e-mails automatizados até a criação
  de campanhas personalizadas. Ideal para pequenas

Revolucionando Pequenos Negócios com a Força da IA
empresas que desejam melhorar suas estratégias de
marketing digital.

5. Processamento de Linguagem Natural com MonkeyLearn:

- MonkeyLearn é uma plataforma de processamento de
linguagem natural que permite às pequenas
empresas criar modelos de análise de texto
personalizados. Essa ferramenta é valiosa para a
automação de tarefas relacionadas ao
processamento de dados textuais.

6. Reconhecimento de Imagens com Clarifai:

- Para empresas que buscam incorporar capacidades
de reconhecimento de imagens em seus produtos ou
serviços, o Clarifai oferece uma plataforma acessível
para treinar modelos de visão computacional.

7. Gestão de Projetos com Trello:

- O Trello é uma ferramenta de gestão de projetos
baseada em quadros visuais, facilitando o
acompanhamento de tarefas, colaboração e
organização de projetos. Uma opção intuitiva e eficaz
para pequenas equipes.

8. Análise Preditiva com RapidMiner:

- O RapidMiner é uma plataforma de análise preditiva
que permite às pequenas empresas explorar dados e
criar modelos preditivos sem exigir habilidades
avançadas em ciência de dados.

9. Voz e Texto com Google Cloud Natural Language API:

- A API de Linguagem Natural do Google Cloud oferece serviços avançados de processamento de linguagem natural, incluindo análise de sentimentos, entidades e categorias. Pode ser integrada em aplicativos, websites e outros sistemas.

10. Automação de Vendas com HubSpot:

- O HubSpot oferece uma plataforma completa para automação de vendas, marketing e atendimento ao cliente. Pequenas empresas podem utilizar suas funcionalidades para otimizar o ciclo de vida do cliente, desde a geração de leads até o suporte pós-venda.

11. IBM Watson Studio:

- O IBM Watson Studio oferece uma plataforma para construir e treinar modelos de machine learning, facilitando a implementação de soluções personalizadas de IA. É uma opção robusta, permitindo que as pequenas empresas explorem análises avançadas e machine learning.

12. Automatização de Processos com Integromat:

- Similar ao Zapier, o Integromat é uma ferramenta de automação que conecta aplicativos e serviços online. É especialmente útil para pequenas empresas que desejam automatizar fluxos de trabalho complexos.

13. Reconhecimento de Fala com Google Cloud Speech-to-Text:

- Esta ferramenta converte fala em texto e pode ser útil para pequenas empresas que desejam incorporar reconhecimento de fala em seus produtos ou serviços, como transcrição de áudio ou comandos de voz.

14. Plataforma de Autoatendimento com Dialogflow:

- O Dialogflow, da Google, permite criar interfaces de conversação (chatbots) para interação com usuários. É uma opção acessível para melhorar o atendimento ao cliente e automatizar consultas comuns.

15. Análise de Sentimento com AYLIEN Text Analysis:

- AYLIEN oferece uma API de análise de texto que inclui recursos de análise de sentimentos. Pequenas empresas podem utilizar essa ferramenta para compreender as opiniões dos clientes em redes sociais, avaliações e feedbacks.

16. Plataforma de E-commerce com Shopify:

- Para pequenas empresas no setor de comércio eletrônico, o Shopify oferece funcionalidades de IA para otimizar a personalização de recomendações de produtos, melhorando a experiência de compra online.

17. Automação de Marketing com ActiveCampaign:

Revolucionando Pequenos Negócios com a Força da IA

- O ActiveCampaign é uma plataforma de automação de marketing que utiliza automação e machine learning para personalizar campanhas de marketing, melhorando a segmentação de clientes e a eficácia das mensagens.

18. Análise de Dados com Tableau Public:

- O Tableau Public é uma ferramenta de visualização de dados que pode ajudar pequenas empresas a entender e comunicar insights a partir de dados complexos. Facilita a criação de dashboards interativos e intuitivos.

19. Chatbots com Microsoft Bot Framework:

- Para empresas que desejam criar chatbots, o Microsoft Bot Framework é uma plataforma abrangente que oferece ferramentas e serviços para o desenvolvimento de chatbots com suporte a linguagem natural.

20. Plataforma de Reconhecimento Óptico de Caracteres (OCR) com Tesseract:

- O Tesseract é um software de OCR de código aberto desenvolvido pelo Google. Pode ser utilizado para extrair texto de imagens, sendo útil para empresas que lidam com documentos digitalizados.

21. Microsoft Azure Cognitive Services:

- Fornece uma variedade de serviços de IA, incluindo reconhecimento de voz, análise de imagem, processamento de linguagem natural e muito mais.

Revolucionando Pequenos Negócios com a Força da IA
   É uma plataforma abrangente para empresas que desejam integrar várias capacidades de IA em seus aplicativos.

22. SnatchBot:

- Permite a criação de chatbots de forma simples e sem a necessidade de codificação. É uma opção acessível para pequenas empresas que desejam melhorar a interação com os clientes por meio de chatbots.

23. DataRobot:

- Oferece uma plataforma automatizada de aprendizado de máquina que simplifica o processo de construção e implantação de modelos preditivos. É ideal para empresas que desejam explorar análises preditivas.

24. Wit.ai:

- Uma plataforma de processamento de linguagem natural da Facebook que permite a criação de interfaces de voz e chat baseadas em linguagem natural. Pode ser utilizado para desenvolver chatbots e aplicativos de voz.

25. Lumen5:

- Utiliza IA para criar vídeos a partir de texto, permitindo que pequenas empresas incorporem conteúdo visual de maneira eficiente em suas estratégias de marketing.

26. Dialogflow (Google Cloud):

* Uma plataforma de criação de chatbots e interfaces de conversação desenvolvida pelo Google. É uma opção amigável para empresas que desejam adicionar interações conversacionais aos seus serviços online.

27. Hootsuite:

* Embora não seja estritamente uma ferramenta de IA, o Hootsuite utiliza recursos de análise de dados para oferecer insights sobre desempenho nas redes sociais. É uma opção útil para pequenas empresas gerenciarem suas estratégias de mídia social.

28. TensorFlow Lite:

* Uma versão leve do framework TensorFlow, adequada para implementações em dispositivos móveis e sistemas embarcados. Ideal para pequenas empresas que buscam integrar IA em aplicativos móveis.

29. ChatGPT API (OpenAI):

* A API do ChatGPT da OpenAI permite que empresas integrem a tecnologia de geração de linguagem natural em seus aplicativos e serviços, oferecendo interações avançadas por meio de chatbots e assistentes virtuais.

Essas ferramentas abrangem uma variedade de aplicações, desde automação de processos até interações conversacionais, permitindo que pequenas empresas

Revolucionando Pequenos Negócios com a Força da IA escolham as opções que melhor se alinham às suas necessidades específicas e recursos disponíveis.

Avaliação de Custos e Benefícios

Ao considerar a implementação de ferramentas e plataformas de Inteligência Artificial (IA) em pequenas empresas, é fundamental realizar uma avaliação abrangente de custos e benefícios. Neste capítulo, examinaremos os fatores essenciais a serem considerados ao avaliar o retorno do investimento (ROI) e como equilibrar efetivamente os custos associados com os benefícios esperados.

1. Custo Inicial:

- Avalie os custos iniciais de aquisição, implementação e treinamento associados à adoção da ferramenta ou plataforma de IA. Considere também eventuais custos de consultoria, suporte técnico inicial e integração com sistemas existentes.

2. Custos de Manutenção e Atualização:

- Analise os custos recorrentes relacionados à manutenção e atualização da ferramenta de IA. Algumas plataformas podem ter custos mensais ou anuais, e é crucial entender esses compromissos a longo prazo.

3. Treinamento e Capacitação:

- Considere os custos associados ao treinamento e capacitação da equipe. Investir em programas de

Revolucionando Pequenos Negócios com a Força da IA
treinamento pode aumentar a eficiência operacional e
maximizar o uso efetivo das ferramentas de IA.

4. Benefícios Operacionais:

- Identifique os benefícios operacionais esperados,
  como aumento da eficiência, redução de erros,
  automação de tarefas repetitivas e melhoria na
  qualidade dos produtos ou serviços.

5. Melhoria na Experiência do Cliente:

- Considere como a implementação de IA pode
  melhorar a experiência do cliente. Isso pode incluir
  respostas mais rápidas a consultas, personalização
  de serviços ou interações mais naturais por meio de
  chatbots.

6. Impacto nas Estratégias de Marketing:

- Avalie o potencial impacto nas estratégias de
  marketing. Ferramentas de IA podem oferecer
  insights avançados de análise de dados,
  personalização de campanhas e automação de
  marketing, contribuindo para o crescimento do
  negócio.

7. Economia de Tempo e Recursos:

- Calcule a economia de tempo e recursos que a IA
  pode proporcionar. Isso pode incluir a automação de
  processos que anteriormente demandavam muitas
  horas de trabalho manual.

8. Flexibilidade e Adaptabilidade:

- Considere a flexibilidade e adaptabilidade da ferramenta ou plataforma. Escolher soluções escaláveis e que possam evoluir com as necessidades da empresa é crucial para um investimento a longo prazo.

9. Potencial de Inovação:

- Avalie o potencial de inovação que a implementação de IA pode trazer para a empresa. Isso pode incluir o desenvolvimento de produtos ou serviços inovadores que se destacam no mercado.

10. Análise de Retorno do Investimento (ROI):

- Realize uma análise de ROI abrangente, comparando os custos totais com os benefícios obtidos. Considere o período de tempo necessário para recuperar o investimento inicial e os ganhos a longo prazo.

11. Riscos e Mitigações:

- Identifique os riscos associados à implementação de IA e desenvolva estratégias de mitigação. Isso pode incluir questões de segurança, conformidade regulatória e possíveis resistências por parte da equipe.

Ao conduzir uma avaliação abrangente de custos e benefícios, as pequenas empresas podem tomar decisões informadas sobre a implementação de ferramentas de IA, garantindo que o investimento esteja alinhado com os objetivos estratégicos e ofereça um retorno significativo. No

Revolucionando Pequenos Negócios com a Força da IA
próximo capítulo, examinaremos estudos de caso de
pequenas empresas que conseguiram equilibrar
efetivamente os custos e benefícios da IA em suas
operações.

Recomendações para Escolha de Plataformas

Escolher a plataforma de Inteligência Artificial (IA) certa é
um passo crucial para o sucesso da implementação em
pequenas empresas. Neste capítulo, oferecemos
recomendações práticas para orientar a escolha de
plataformas de IA, considerando fatores como
funcionalidades, escalabilidade, custos e suporte.

1. Compreensão das Necessidades Específicas:

- Antes de avaliar plataformas, tenha uma
  compreensão clara das necessidades específicas da
  sua empresa. Identifique os problemas que a IA pode
  resolver e as áreas em que pode agregar mais valor.

2. Avaliação de Funcionalidades:

- Analise as funcionalidades oferecidas pela
  plataforma. Certifique-se de que atende às
  necessidades de automação, processamento de
  dados ou análise preditiva específicas da sua
  empresa.

3. Facilidade de Integração:

- Escolha uma plataforma que possa ser facilmente
  integrada aos sistemas existentes na sua empresa.

Revolucionando Pequenos Negócios com a Força da IA
A integração suave é crucial para evitar interrupções
nos processos de negócios.

4. Escalabilidade:

- Considere a escalabilidade da plataforma. Certifique-se de que ela possa crescer conforme as necessidades da sua empresa evoluem, permitindo uma expansão eficiente da implementação de IA.

5. Acessibilidade e Custos Transparentes:

- Avalie a acessibilidade da plataforma em termos de custos. Procure por modelos de precificação transparentes e compreensíveis. Considere também os custos a longo prazo, incluindo manutenção e atualizações.

6. Suporte Técnico e Treinamento:

- Verifique a qualidade do suporte técnico oferecido pela plataforma. Um suporte eficaz e recursos de treinamento podem facilitar a resolução de problemas e garantir que sua equipe esteja adequadamente capacitada.

7. Segurança e Conformidade:

- Priorize plataformas que ofereçam recursos robustos de segurança e estejam em conformidade com regulamentações específicas do setor. A proteção de dados sensíveis é fundamental.

8. Avaliações e Depoimentos:

- Pesquise avaliações e depoimentos de outras empresas que utilizaram a plataforma. Isso proporciona insights valiosos sobre a experiência de usuários reais e os resultados alcançados.

9. Atualizações e Inovações:

- Escolha plataformas que demonstrem um compromisso contínuo com atualizações e inovações. Isso garante que sua empresa possa se beneficiar das últimas tendências e avanços em IA.

10. Alinhamento com a Estratégia de Negócios:

- Certifique-se de que a plataforma escolhida esteja alinhada com a estratégia de negócios da sua empresa. A IA deve ser uma ferramenta que contribui diretamente para os objetivos comerciais.

11. Testes Piloto:

- Antes de uma implementação em larga escala, considere realizar testes piloto com a plataforma escolhida. Isso permite avaliar sua eficácia em um ambiente controlado antes de uma adoção completa.

Ao seguir essas recomendações, as pequenas empresas podem tomar decisões informadas ao escolher plataformas de IA, garantindo que a tecnologia escolhida seja uma mais-valia para os objetivos e operações específicas da empresa. No próximo capítulo, exploraremos estudos de caso de pequenas empresas que navegaram com sucesso pelo processo de escolha e implementação de plataformas de IA.

Capítulo 6: Estudos de Caso Inspiradores

Exemplos Reais de Pequenas Empresas que Transformaram seus Negócios com IA

Neste capítulo, exploraremos casos inspiradores de pequenas empresas que abraçaram a Inteligência Artificial (IA) para transformar seus negócios. Esses estudos de caso destacam a diversidade de setores e a gama de benefícios que a implementação bem-sucedida de IA pode oferecer.

E-commerce - Otimização de Recomendações para Clientes

Contexto: Uma pequena empresa de comércio eletrônico, especializada em moda e acessórios, reconheceu a necessidade de aprimorar a experiência de compra online de seus clientes. Com um catálogo diversificado de produtos, a empresa buscava meios inovadores de personalizar as recomendações de produtos para cada cliente, proporcionando uma jornada de compra mais envolvente e relevante.

Implementação: Para atender a esse desafio, a empresa decidiu incorporar algoritmos avançados de Inteligência Artificial (IA) em seu sistema de recomendação. A implementação envolveu a análise do comportamento de compra dos clientes por meio de algoritmos de machine learning. Dados como histórico de compras, produtos

Revolucionando Pequenos Negócios com a Força da IA visualizados, tempo gasto em páginas específicas e padrões de navegação foram cuidadosamente analisados.

Os algoritmos de IA foram treinados para entender as preferências individuais de cada cliente, identificando padrões sutis e correlações entre produtos. Ao considerar fatores como estilo, tamanho, cor e preferências sazonais, o sistema de recomendação foi calibrado para oferecer sugestões altamente personalizadas.

A integração dessa tecnologia permitiu que a empresa oferecesse recomendações em tempo real durante a navegação do cliente, destacando produtos complementares ou sugerindo alternativas com base no histórico de compras. Além disso, a IA foi capaz de se adaptar dinamicamente a mudanças nas preferências do cliente, proporcionando uma experiência de compra verdadeiramente personalizada.

Resultados: Os resultados da implementação foram notáveis. A empresa experimentou um aumento significativo nas taxas de conversão, indicando que os clientes estavam mais propensos a concluir suas compras. Além disso, a satisfação do cliente atingiu patamares mais elevados, conforme os clientes perceberam que as recomendações refletiam suas preferências de maneira precisa.

A fidelidade à marca também aumentou, com clientes expressando uma sensação mais profunda de conexão com a empresa. A abordagem personalizada gerou um impacto positivo não apenas nas transações, mas também na percepção da marca, destacando-a como uma varejista que compreende e atende às necessidades individuais de seus clientes.

Revolucionando Pequenos Negócios com a Força da IA
Este estudo de caso ilustra como a implementação
estratégica de IA, focada na personalização das
recomendações, pode impulsionar resultados tangíveis para
pequenas empresas de comércio eletrônico, criando um
ambiente de compras online mais envolvente e centrado no
cliente.

O estudo de caso não especifica os algoritmos de
Inteligência Artificial (IA) específicos utilizados pela empresa
de comércio eletrônico. No entanto, vou fornecer algumas
categorias gerais de algoritmos que são comumente
empregadas em sistemas de recomendação em e-
commerce:

1. **Filtragem Colaborativa:**
   - Algoritmos que fazem recomendações
     baseadas nas preferências de usuários
     semelhantes. Isso envolve analisar padrões de
     comportamento de compra de usuários que
     têm históricos semelhantes.
2. **Filtragem Baseada em Conteúdo:**
   - Algoritmos que recomendam produtos com
     base em características ou atributos
     específicos dos itens e nas preferências
     passadas do usuário. Por exemplo, se um
     cliente comprou frequentemente itens de uma
     determinada marca, o sistema pode
     recomendar produtos semelhantes da mesma
     marca.
3. **Aprendizado Profundo (Deep Learning):**
   - Redes neurais profundas podem ser usadas
     para aprender padrões complexos nos dados
     de comportamento do cliente. Essas redes
     podem capturar relações não lineares e

Revolucionando Pequenos Negócios com a Força da IA
nuances que outros métodos podem não identificar.

4. **Processamento de Linguagem Natural (PLN):**
   - Para empresas que utilizam descrições de produtos ou avaliações, algoritmos de PLN podem ser empregados para entender o conteúdo textual e fazer recomendações com base nas preferências expressas pelos clientes em seus comentários.
5. **Algoritmos de Agrupamento:**
   - Esses algoritmos identificam grupos de produtos ou clientes com características semelhantes. Recomendações são então feitas com base na pertinência do grupo ao qual um usuário pertence.

É importante observar que a escolha dos algoritmos dependerá das características específicas do conjunto de dados e das metas da empresa. Algumas implementações podem usar uma combinação de vários desses métodos para obter os melhores resultados. O desenvolvimento e a escolha dos algoritmos são parte integrante do processo de personalização e otimização das recomendações.

Existem várias plataformas e frameworks de Inteligência Artificial (IA) que oferecem funcionalidades para implementar sistemas de recomendação em e-commerce. Algumas dessas plataformas incluem algoritmos prontos para uso, facilitando a criação de sistemas personalizados. Aqui estão algumas opções:

1. **TensorFlow Recommenders:**
   - O TensorFlow Recommenders é uma extensão do TensorFlow projetada especificamente para sistemas de recomendação. Ele fornece

Revolucionando Pequenos Negócios com a Força da IA
implementações eficientes de algoritmos populares, como filtragem colaborativa e modelos de incorporação.

2. **Scikit-Surprise:**
   o Scikit-Surprise é uma biblioteca em Python que oferece algoritmos para filtragem colaborativa e outras tarefas de recomendação. É fácil de usar e é uma escolha popular para implementações rápidas e experimentação.

3. **Apache Mahout:**
   o O Apache Mahout é uma biblioteca de aprendizado de máquina distribuída que inclui implementações de algoritmos de recomendação, como filtragem colaborativa. Ele é projetado para escalabilidade e pode ser usado em ambientes distribuídos.

4. **FastAI:**
   o A biblioteca FastAI, construída sobre o PyTorch, fornece módulos específicos para sistemas de recomendação. Ela é conhecida por sua abordagem amigável e rápida na construção de modelos de IA.

5. **Surprise:**
   o Surprise é uma biblioteca em Python que fornece algoritmos prontos para uso para sistemas de recomendação, incluindo filtragem colaborativa, filtragem baseada em conteúdo e muito mais.

6. **Amazon Personalize:**
   o Amazon Personalize é um serviço de IA da Amazon Web Services (AWS) que simplifica a criação de sistemas de recomendação personalizados. Ele usa algoritmos avançados e aprendizado profundo para oferecer recomendações precisas.

Revolucionando Pequenos Negócios com a Força da IA
7. **Microsoft Azure Personalizer:**
    o O Microsoft Azure Personalizer é um serviço na plataforma Azure que permite criar recomendações personalizadas com facilidade. Ele utiliza técnicas de aprendizado por reforço para aprimorar as recomendações ao longo do tempo.

Lembre-se de que a escolha da plataforma ou framework dependerá das necessidades específicas da sua empresa, da infraestrutura de TI e da familiaridade da equipe com as ferramentas. Além disso, personalizar os modelos para atender aos requisitos específicos da sua empresa é muitas vezes necessário para obter os melhores resultados.

2. Estudo de Caso: HealthTech - Melhorando Diagnósticos com IA

Contexto: Uma pequena empresa inovadora no setor de tecnologia médica estava determinada a aprimorar a eficácia dos diagnósticos médicos. Consciente dos desafios enfrentados pelos profissionais de saúde, como a necessidade de interpretação rápida e precisa de imagens médicas complexas, a empresa decidiu explorar o potencial da Inteligência Artificial (IA) para transformar a prática diagnóstica.

Implementação: A empresa adotou algoritmos avançados de aprendizado de máquina para analisar imagens médicas, incluindo radiografias, tomografias computadorizadas (TC), ressonâncias magnéticas (RM) e imagens de ultrassom. Esses algoritmos foram treinados utilizando conjuntos de

Revolucionando Pequenos Negócios com a Força da IA
dados abrangentes, envolvendo milhares de imagens
rotuladas por profissionais de saúde qualificados.

Os algoritmos foram projetados para identificar padrões
complexos, características sutis e anomalias que poderiam
ser indicativos de condições médicas específicas. A
capacidade de aprendizado da máquina permitiu que o
sistema se adaptasse e evoluísse à medida que novos
dados eram introduzidos, melhorando continuamente sua
precisão diagnóstica.

Ao analisar rapidamente grandes volumes de imagens, o
sistema de IA foi capaz de oferecer diagnósticos mais
rápidos e precisos em comparação com as abordagens
tradicionais. A automação proporcionada pela IA permitiu
que os profissionais de saúde economizassem tempo
valioso, concentrando-se em análises mais detalhadas e na
elaboração de planos de tratamento personalizados.

Resultados: Os resultados da implementação foram
notáveis, gerando impactos significativos na eficiência do
processo diagnóstico e, o mais importante, na qualidade dos
cuidados aos pacientes.

1. **Redução do Tempo de Diagnóstico:**
   - O tempo necessário para realizar diagnósticos
     foi significativamente reduzido. A automação
     proporcionada pela IA permitiu que os
     profissionais de saúde recebessem resultados
     preliminares em questão de minutos,
     acelerando o início do tratamento.
2. **Melhoria na Eficiência dos Profissionais de
   Saúde:**
   - Os profissionais de saúde experimentaram
     uma melhoria significativa na eficiência de

Revolucionando Pequenos Negócios com a Força da IA
suas práticas diárias. Com a análise inicial realizada pela IA, eles puderam concentrar-se em casos mais complexos e em decisões clínicas importantes.

3. **Precisão Diagnóstica Aprimorada:**
   - A precisão dos diagnósticos aumentou consideravelmente. A capacidade da IA de identificar padrões complexos e sutis permitiu uma detecção precoce de condições médicas, melhorando os resultados para os pacientes.

4. **Planos de Tratamento Personalizados:**
   - Com diagnósticos mais rápidos e precisos, os profissionais de saúde puderam desenvolver planos de tratamento mais personalizados e eficazes para atender às necessidades específicas de cada paciente.

A implementação bem-sucedida de IA na área de diagnóstico médico não apenas otimizou os processos internos da empresa, mas também teve um impacto positivo direto na qualidade dos cuidados aos pacientes. Este estudo de caso destaca como a adoção estratégica de tecnologias de IA pode desempenhar um papel crucial na evolução da medicina e na melhoria dos resultados de saúde.

O estudo de caso não especifica os algoritmos de aprendizado de máquina (IA) específicos utilizados pela pequena empresa de tecnologia médica. No entanto, ao abordar o aprimoramento de diagnósticos médicos por meio de análise de imagens, várias técnicas e abordagens de aprendizado de máquina poderiam ter sido empregadas. Algumas dessas técnicas incluem:

1. **Redes Neurais Convolucionais (CNNs):**

- o Especialmente eficazes em tarefas de visão computacional, as CNNs podem aprender automaticamente características e padrões em imagens médicas, tornando-as valiosas para a detecção de anomalias.

2. **Aprendizado por Transferência:**
   - o Utilizando modelos de aprendizado de máquina pré-treinados em grandes conjuntos de dados, como ImageNet, e ajustando-os para tarefas específicas de diagnóstico médico.

3. **Redes Generativas Adversariais (GANs):**
   - o GANs podem ser usadas para gerar imagens médicas sintéticas, criando um conjunto de dados mais diversificado para treinar modelos de IA.

4. **Classificação e Segmentação de Imagens:**
   - o Técnicas de classificação para identificar a presença ou ausência de condições médicas em uma imagem, e técnicas de segmentação para destacar áreas específicas de interesse.

5. **Aprendizado Profundo (Deep Learning):**
   - o Abordagem geral que inclui várias arquiteturas de redes neurais profundas para aprender representações complexas de dados, o que é crucial para a análise de imagens médicas.

6. **Processamento de Linguagem Natural (PLN) para Relatórios Médicos:**
   - o Se a IA também analisou relatórios médicos associados às imagens, técnicas de PLN podem ter sido utilizadas para extrair informações relevantes.

É importante observar que a escolha dos algoritmos dependerá das características específicas do conjunto de

Revolucionando Pequenos Negócios com a Força da IA
dados, da complexidade da tarefa de diagnóstico e das
metas da empresa. Em muitos casos, uma combinação de
várias técnicas é empregada para otimizar a precisão e a
eficácia do sistema de diagnóstico. O desenvolvimento e a
escolha dos algoritmos são partes cruciais do processo de
implementação de IA para melhorar diagnósticos médicos.

Plataformas e frameworks de Inteligência Artificial (IA) que
oferecem recursos para melhorar diagnósticos médicos por
meio da análise de imagens. Essas ferramentas utilizam
algoritmos avançados de aprendizado de máquina para
identificar padrões complexos em imagens médicas,
proporcionando suporte aos profissionais de saúde.
Algumas dessas plataformas incluem:

1. **Google Cloud Healthcare API:**
   - A plataforma Google Cloud oferece a API
     Healthcare, que permite armazenar e
     processar dados médicos, incluindo imagens.
     Ferramentas de IA podem ser integradas para
     análise e interpretação dessas imagens.
2. **IBM Watson Health:**
   - O IBM Watson Health utiliza IA para análise de
     imagens médicas e oferece soluções para
     diversas especialidades, como radiologia e
     patologia.
3. **NVIDIA Clara AI:**
   - Clara AI, da NVIDIA, é uma plataforma que
     utiliza inteligência artificial para análise de
     imagens médicas. É projetada para acelerar a
     pesquisa e o desenvolvimento de soluções de
     diagnóstico.
4. **Kaggle Datasets e Competições:**
   - Kaggle é uma plataforma que hospeda
     competições de ciência de dados, incluindo

Revolucionando Pequenos Negócios com a Força da IA
muitas relacionadas à análise de imagens médicas. Algoritmos de IA desenvolvidos nessas competições podem ser adaptados para aplicações específicas.

5. **Arterys:**
   o A Arterys é uma empresa que utiliza IA para análise de imagens médicas, oferecendo soluções para áreas como cardiologia e oncologia.
6. **PathAI:**
   o A PathAI se concentra em soluções de IA para patologia, utilizando algoritmos para auxiliar patologistas em diagnósticos mais precisos.
7. **Zebra Medical Vision:**
   o Essa empresa usa IA para analisar exames médicos, incluindo imagens de tomografias computadorizadas (TC) e radiografias, com o objetivo de identificar anomalias.
8. **Enlitic:**
   o A Enlitic aplica IA para aprimorar diagnósticos médicos por meio de análise de imagens, focando em diversas especialidades, como radiologia e oncologia.

Essas plataformas e empresas utilizam uma variedade de técnicas de aprendizado de máquina, incluindo redes neurais convolucionais (CNNs), aprendizado profundo e processamento de imagens para melhorar a precisão e a eficiência dos diagnósticos médicos. Vale ressaltar que, embora essas ferramentas ofereçam suporte valioso, o diagnóstico final ainda deve ser feito por profissionais de saúde qualificados.

Educação - Personalização do Aprendizado em uma Escola de Idiomas

Contexto: Uma pequena escola de idiomas reconheceu a diversidade nas formas de aprendizado de seus alunos e estava determinada a criar uma experiência educacional mais personalizada. O objetivo era não apenas melhorar o desempenho acadêmico, mas também aumentar o envolvimento dos alunos e fortalecer a reputação da escola como um ambiente de aprendizado inovador.

Implementação: A escola adotou sistemas avançados de Inteligência Artificial (IA) para analisar o desempenho dos alunos em tempo real. Diferentes fontes de dados foram consideradas, incluindo resultados de avaliações, interações em plataformas de aprendizado online, e feedbacks de professores.

Os algoritmos de IA foram projetados para identificar padrões no desempenho individual de cada aluno, levando em consideração a velocidade de aprendizado, as áreas de maior facilidade e dificuldade, e os estilos preferenciais de aprendizado. Técnicas de aprendizado de máquina foram aplicadas para criar perfis de aprendizado personalizados para cada estudante.

Com base nessas análises, o conteúdo do curso foi adaptado automaticamente para atender às necessidades específicas de cada aluno. Isso incluiu ajustes na dificuldade das tarefas, a apresentação de material de apoio personalizado, e a utilização de métodos de ensino mais alinhados com os estilos de aprendizado individuais.

Revolucionando Pequenos Negócios com a Força da IA

Resultados: A implementação da personalização do aprendizado trouxe resultados positivos e mensuráveis.

1. **Aumento do Envolvimento dos Alunos:**
   - Com a abordagem personalizada, os alunos sentiram que o conteúdo do curso estava mais alinhado com suas preferências e necessidades de aprendizado. Isso resultou em um aumento significativo no envolvimento dos alunos nas atividades educacionais.
2. **Melhoria nos Resultados Acadêmicos:**
   - A adaptação contínua do conteúdo do curso com base no desempenho individual levou a uma melhoria geral nos resultados acadêmicos. Os alunos tiveram mais oportunidades de sucesso, pois o material era apresentado de maneira mais eficaz para atender às suas habilidades e estilos de aprendizado.
3. **Satisfação dos Alunos:**
   - A personalização do aprendizado contribuiu para a satisfação geral dos alunos. Sentir-se compreendido e apoiado em seu processo de aprendizado aumentou a confiança e a motivação dos estudantes.
4. **Crescimento da Reputação da Escola:**
   - A abordagem inovadora e personalizada para o aprendizado resultou em uma reputação positiva para a escola. A comunidade educacional reconheceu a eficácia da abordagem, atraindo mais alunos e fortalecendo a posição da escola no mercado.

Este estudo de caso destaca como a implementação estratégica de sistemas de IA para personalização do

Revolucionando Pequenos Negócios com a Força da IA
aprendizado pode não apenas melhorar os resultados
acadêmicos, mas também criar um ambiente educacional
mais envolvente e adaptado às necessidades individuais dos
alunos.

O estudo de caso não especifica os algoritmos de
Inteligência Artificial (IA) específicos utilizados pela pequena
escola de idiomas. No entanto, vou destacar algumas
técnicas de IA que são comumente empregadas para
personalização do aprendizado:

1. **Sistemas de Recomendação:**
   - Algoritmos de recomendação podem ser
     utilizados para sugerir atividades, exercícios ou
     módulos de aprendizado com base no
     desempenho passado e nas preferências
     individuais de aprendizado de cada aluno.
2. **Aprendizado de Máquina Supervisionado:**
   - Modelos supervisionados podem ser treinados
     para prever as necessidades de aprendizado
     de um aluno com base em dados históricos,
     incluindo desempenho em tarefas específicas
     e respostas a diferentes métodos de ensino.
3. **Aprendizado de Máquina Não Supervisionado:**
   - Algoritmos não supervisionados podem ser
     empregados para identificar padrões e grupos
     de alunos com características de aprendizado
     semelhantes, ajudando na personalização com
     base em perfis de aprendizado.
4. **Redes Neurais:**
   - Redes neurais podem ser utilizadas para
     modelar relações complexas entre os dados do
     aluno e adaptar o conteúdo do curso com base
     em padrões identificados durante o
     treinamento.

5. **Processamento de Linguagem Natural (PLN):**
   - Técnicas de PLN podem ser aplicadas para analisar feedbacks de alunos, avaliações de desempenho e interações linguísticas, proporcionando insights sobre estilos de aprendizado e preferências comunicacionais.
6. **Aprendizado Reforçado:**
   - Técnicas de aprendizado reforçado podem ser exploradas para ajustar dinamicamente as estratégias de ensino com base no feedback contínuo do desempenho do aluno.
7. **Análise de Sentimento:**
   - Algoritmos de análise de sentimento podem ser utilizados para avaliar as emoções e atitudes dos alunos em relação ao conteúdo do curso, adaptando o material com base nessas percepções.

A escolha dos algoritmos dependerá das características específicas do conjunto de dados da escola, das metas de personalização do aprendizado e da infraestrutura tecnológica disponível. É comum que sistemas de personalização do aprendizado usem uma combinação de várias técnicas para alcançar os melhores resultados.

Existem diversas soluções de Inteligência Artificial (IA) e plataformas educacionais que incorporam algoritmos para personalização do aprendizado. Essas soluções usam uma variedade de técnicas de IA para adaptar o conteúdo do curso com base nas necessidades e preferências individuais dos alunos. Alguns exemplos incluem:

1. **Knewton:**
   - A Knewton é uma plataforma de adaptação de aprendizado que utiliza algoritmos de

Revolucionando Pequenos Negócios com a Força da IA
aprendizado de máquina para personalizar o conteúdo do curso com base no desempenho e estilo de aprendizado de cada aluno.

2. **DreamBox:**
   - O DreamBox é um sistema de aprendizado adaptativo para matemática, que utiliza IA para personalizar o currículo de matemática para cada aluno, oferecendo uma experiência de aprendizado personalizada.

3. **Cognii:**
   - A Cognii é uma plataforma de avaliação e tutoria baseada em IA que fornece feedback personalizado e adaptativo para alunos em redações e outras atividades de escrita.

4. **McGraw-Hill Connect:**
   - A McGraw-Hill Connect usa algoritmos de aprendizado de máquina para fornecer atividades e avaliações personalizadas, adaptando o conteúdo com base no desempenho dos alunos.

5. **Smart Sparrow:**
   - Smart Sparrow é uma plataforma de adaptação de aprendizado que utiliza IA para criar cursos personalizados, ajustando o conteúdo de acordo com as necessidades e desempenho dos alunos.

6. **Duolingo:**
   - Duolingo, uma plataforma de aprendizado de idiomas, incorpora algoritmos para personalizar o caminho de aprendizado de cada usuário com base em seu progresso e desafios individuais.

7. **Coursera:**
   - Coursera, uma plataforma de cursos online, utiliza IA para personalizar a experiência de

Revolucionando Pequenos Negócios com a Força da IA
aprendizado, oferecendo recomendações de cursos com base nos interesses e desempenho acadêmico do aluno.

Essas plataformas e soluções demonstram como a IA pode ser aplicada para criar ambientes de aprendizado mais personalizados e adaptativos. Elas utilizam algoritmos para analisar dados do aluno, identificar padrões e ajustar dinamicamente o conteúdo do curso para atender às necessidades específicas de cada estudante.

Manufacturing - Manutenção Preditiva com IA

Contexto: Uma pequena fábrica de componentes eletrônicos enfrentava desafios relacionados a falhas não planejadas em suas máquinas, resultando em tempo de inatividade significativo e custos elevados de manutenção corretiva. A busca por uma solução inovadora levou à implementação de sistemas avançados de Inteligência Artificial (IA) para melhorar a eficiência operacional e reduzir os custos associados à manutenção.

Implementação: A empresa adotou uma abordagem de manutenção preditiva, implementando sistemas de IA capazes de analisar dados provenientes de sensores instalados nas máquinas em tempo real. Esses sensores monitoravam uma variedade de parâmetros, como temperatura, vibração, pressão e consumo de energia.

Os algoritmos de IA foram treinados para identificar padrões nos dados dos sensores que indicavam potenciais falhas iminentes nas máquinas. Isso envolveu a análise de anomalias, flutuações nos padrões normais de operação e a

Revolucionando Pequenos Negócios com a Força da IA comparação dos dados em tempo real com modelos preditivos desenvolvidos a partir de dados históricos.

Com base nas análises, o sistema de IA foi capaz de gerar alertas antecipados sobre possíveis falhas, permitindo que a equipe de manutenção interviesse antes que ocorressem problemas graves. Isso incluiu a identificação de componentes que precisavam de substituição, ajustes ou manutenção preventiva.

Resultados: A implementação da manutenção preditiva com IA resultou em melhorias significativas para a fábrica de componentes eletrônicos.

1. **Redução Significativa dos Custos de Manutenção Corretiva:**
   - Ao antecipar falhas potenciais, a empresa conseguiu reduzir drasticamente os custos associados à manutenção corretiva, evitando tempo de inatividade não planejado e substituições de componentes emergenciais mais caras.
2. **Aumento da Eficiência Operacional:**
   - A capacidade de prever e prevenir falhas permitiu uma programação mais eficiente das atividades de manutenção, otimizando o tempo de operação das máquinas e aumentando a eficiência geral da produção.
3. **Melhoria na Vida Útil das Máquinas:**
   - Ao evitar falhas inesperadas e realizar manutenção preventiva com base em dados preditivos, a empresa conseguiu prolongar a vida útil de suas máquinas, maximizando o retorno sobre os investimentos em ativos.

Revolucionando Pequenos Negócios com a Força da IA
Esses resultados evidenciam como a adoção estratégica da IA para manutenção preditiva pode ter um impacto significativo não apenas na redução de custos, mas também na eficiência operacional e na sustentabilidade dos equipamentos. Este estudo de caso destaca a aplicação bem-sucedida da IA para enfrentar desafios específicos no setor de manufatura, fornecendo uma vantagem competitiva sustentável para a pequena fábrica de componentes eletrônicos.

O estudo de caso não especifica os algoritmos ou sistemas de Inteligência Artificial (IA) específicos utilizados pela pequena fábrica de componentes eletrônicos. No entanto, posso destacar algumas das técnicas e abordagens comuns que poderiam ter sido empregadas para implementar a manutenção preditiva:

1. **Análise de Séries Temporais:**
   - Algoritmos de análise de séries temporais podem ser utilizados para identificar padrões e tendências nos dados provenientes dos sensores ao longo do tempo.
2. **Aprendizado de Máquina Supervisionado:**
   - Modelos de aprendizado supervisionado podem ser treinados com base em dados históricos para prever falhas futuras com base em padrões identificados.
3. **Redes Neurais Recorrentes (RNNs) e Long Short-Term Memory (LSTM):**
   - Arquiteturas de redes neurais, como RNNs e LSTMs, são eficazes para lidar com dados sequenciais, podendo ser aplicadas para a análise de padrões temporais nos dados dos sensores.
4. **Análise de Anomalias:**

Revolucionando Pequenos Negócios com a Força da IA

- o Técnicas de detecção de anomalias podem ser empregadas para identificar comportamentos fora do padrão nos dados dos sensores, indicando potenciais falhas.

5. **Modelos Ensemble:**
   - o A combinação de vários modelos, conhecida como ensemble, pode ser utilizada para melhorar a robustez e a precisão das previsões.

6. **Processamento de Linguagem Natural (PLN):**
   - o Técnicas de PLN podem ser aplicadas para interpretar dados de manutenção não estruturados, como registros de manutenção e relatórios técnicos, melhorando a precisão das previsões.

É comum que a implementação da manutenção preditiva envolva uma combinação dessas técnicas, adaptadas às características específicas dos dados da fábrica e dos equipamentos. A escolha dos algoritmos dependerá da natureza dos dados, do contexto operacional e dos objetivos específicos da empresa.

Soluções de Inteligência Artificial (IA) e plataformas que oferecem capacidades de manutenção preditiva para reduzir falhas não planejadas e otimizar a eficiência operacional em ambientes de fabricação. Algumas das tecnologias de IA comumente aplicadas incluem:

1. **IBM Watson IoT:**
   - o A plataforma Watson IoT da IBM oferece recursos de manutenção preditiva que utilizam análise avançada de dados, machine learning e inteligência artificial para prever falhas em equipamentos industriais.

Revolucionando Pequenos Negócios com a Força da IA
2. **Predix da General Electric:**
   o A plataforma Predix da GE é projetada para a Internet Industrial e inclui recursos de manutenção preditiva. Utiliza análise de dados em tempo real e machine learning para prever falhas em ativos industriais.
3. **Azure IoT da Microsoft:**
   o A plataforma Azure IoT da Microsoft oferece serviços de manutenção preditiva que utilizam machine learning para analisar dados de sensores e prever potenciais problemas em equipamentos.
4. **SAP Predictive Maintenance and Service:**
   o A SAP oferece soluções de manutenção preditiva que integram machine learning para analisar dados operacionais em tempo real e identificar padrões que indicam possíveis falhas.
5. **PTC ThingWorx:**
   o A plataforma ThingWorx da PTC inclui recursos de manutenção preditiva para análise de dados de sensores, previsão de falhas e otimização da manutenção.
6. **C3 AI:**
   o A C3 AI fornece soluções de IA para manutenção preditiva, utilizando aprendizado de máquina para analisar dados operacionais e prever falhas em equipamentos.
7. **Siemens Mindsphere:**
   o A plataforma Mindsphere da Siemens oferece funcionalidades de manutenção preditiva que utilizam análise de dados e machine learning para melhorar a eficiência operacional.

Revolucionando Pequenos Negócios com a Força da IA
Essas plataformas utilizam algoritmos avançados de machine learning, análise de dados em tempo real e técnicas de IA para processar grandes volumes de dados de sensores, identificar padrões, e prever potenciais falhas em máquinas e equipamentos industriais. A escolha da plataforma dependerá das necessidades específicas da fábrica e da infraestrutura tecnológica disponível.

Lições Aprendidas e Melhores Práticas

À medida que exploramos os estudos de caso inspiradores de pequenas empresas que transformaram seus negócios com Inteligência Artificial (IA), surgem lições valiosas e melhores práticas. Estas são essenciais para orientar outras empresas que consideram a adoção de IA em suas operações.

1. Compreensão Profunda das Necessidades:

- Lição Aprendida: O sucesso começa com uma compreensão profunda das necessidades específicas da empresa. Cada estudo de caso destacou a importância de identificar claramente os desafios antes de implementar soluções de IA.
- Melhores Práticas: Realize uma análise detalhada dos processos existentes, identificando áreas que se beneficiariam significativamente da automação ou da análise avançada de dados.

2. Integração Gradual e Testes Piloto:

- Lição Aprendida: Todos os estudos de caso destacaram a importância da integração gradual e da realização de testes piloto antes da implementação

Revolucionando Pequenos Negócios com a Força da IA
em larga escala. Isso permite ajustes com base em
resultados reais.

- Melhores Práticas: Comece com projetos-piloto em
  áreas específicas da empresa para avaliar a eficácia
  da IA antes de expandir para operações mais amplas.

3. Envolvimento Ativo da Equipe:

- Lição Aprendida: O envolvimento ativo da equipe é
  fundamental para o sucesso da implementação de IA.
  As empresas que incentivaram a participação e
  forneceram treinamento adequado colheram
  benefícios significativos.
- Melhores Práticas: Desenvolva programas de
  treinamento contínuo, incentive a colaboração entre
  equipes e demonstre como a IA pode melhorar o
  trabalho diário dos funcionários.

4. Avaliação Contínua e Adaptação:

- Lição Aprendida: A avaliação contínua e a
  capacidade de adaptação são cruciais para o sucesso
  a longo prazo. As empresas que continuaram
  avaliando e ajustando suas estratégias de IA
  obtiveram melhores resultados.
- Melhores Práticas: Estabeleça mecanismos para
  avaliação contínua, esteja preparado para ajustes
  conforme necessário e esteja atento às mudanças no
  ambiente de negócios.

5. Foco na Experiência do Cliente:

- Lição Aprendida: As empresas bem-sucedidas
  priorizaram a melhoria da experiência do cliente por
  meio de IA. Compreender as preferências e

Revolucionando Pequenos Negócios com a Força da IA
comportamentos dos clientes impulsionou resultados positivos.

* Melhores Práticas: Utilize a IA para personalizar interações com clientes, antecipar necessidades e oferecer experiências mais relevantes e atraentes.

6. Gerenciamento Eficiente de Dados:

* Lição Aprendida: O gerenciamento eficiente de dados é uma pedra angular para o sucesso da IA. As empresas que investiram em estratégias robustas de coleta, armazenamento e análise de dados alcançaram melhores resultados.
* Melhores Práticas: Implemente práticas sólidas de governança de dados, assegure-se de que os dados sejam precisos e estejam disponíveis quando necessário, e esteja em conformidade com regulamentações de privacidade.

7. Inovação Contínua e Aprendizado:

* Lição Aprendida: A inovação contínua e o aprendizado são essenciais. As empresas que mantiveram uma mentalidade de aprendizado contínuo foram capazes de explorar novas aplicações e melhorias na utilização da IA.
* Melhores Práticas: Encoraje a cultura de inovação, promova a aprendizagem contínua entre os funcionários e esteja aberto a explorar novas possibilidades com a IA.

Essas lições aprendidas e melhores práticas são valiosas para orientar outras pequenas empresas ao embarcar na jornada de implementação de IA. No próximo capítulo, abordaremos desafios comuns enfrentados por pequenas

Revolucionando Pequenos Negócios com a Força da IA empresas ao adotar a IA e estratégias eficazes para superá-los.

Capítulo 7: Desafios e Considerações Éticas

A Implementação da IA nas Pequenas Empresas

A introdução da Inteligência Artificial (IA) nas operações de pequenas empresas apresenta oportunidades significativas, mas também está acompanhada de desafios distintos. Neste capítulo, exploraremos os desafios comuns enfrentados por pequenas empresas ao adotar a IA, assim como as considerações éticas associadas.

Desafios Comuns:

1. **Custos de Implementação:**
   - Muitas pequenas empresas enfrentam restrições orçamentárias ao considerar a implementação da IA. Os custos associados à aquisição de tecnologia, treinamento de equipe e manutenção podem ser barreiras significativas.
2. **Falta de Conhecimento Técnico:**
   - A falta de conhecimento especializado em IA pode ser um desafio para pequenas empresas. A contratação ou treinamento de profissionais qualificados pode ser difícil, especialmente quando há uma competição por talentos nesse campo.
3. **Integração com Sistemas Existentes:**

Revolucionando Pequenos Negócios com a Força da IA
- o A integração eficiente de sistemas de IA com os sistemas existentes pode ser complexa. As pequenas empresas muitas vezes possuem infraestruturas heterogêneas, o que pode dificultar a harmonização de tecnologias.

4. **Segurança e Privacidade de Dados:**
   - o A coleta e o processamento de dados são partes integrantes da IA. A garantia da segurança e privacidade desses dados é crucial, especialmente à luz das regulamentações como o GDPR. Para pequenas empresas, isso pode envolver desafios adicionais de conformidade.

5. **Aceitação pela Equipe e Cultura Organizacional:**
   - o A introdução da IA pode gerar resistência entre os membros da equipe devido a preocupações com a substituição de empregos ou mudanças drásticas nas práticas de trabalho. Adaptar a cultura organizacional para abraçar a inovação é um desafio contínuo.

6. **Interpretabilidade dos Modelos de IA:**
   - o Em muitos casos, os modelos de IA são complexos e difíceis de interpretar. A explicação de como as decisões são tomadas pelos algoritmos pode ser crucial, especialmente em setores regulamentados.

Considerações Éticas:

1. **Viés nos Dados:**
   - o Os algoritmos de IA aprendem a partir de dados históricos, o que pode resultar em viés. É fundamental identificar e mitigar o viés nos dados para evitar decisões discriminatórias.

2. **Transparência e Explicabilidade:**

Revolucionando Pequenos Negócios com a Força da IA

- o A falta de transparência em alguns algoritmos de IA pode levantar preocupações éticas. Garantir a explicabilidade dos modelos é crucial para a compreensão e confiança nas decisões tomadas.

3. **Responsabilidade e Tomada de Decisão Autônoma:**

- o Quem é responsável por decisões tomadas por sistemas de IA? A atribuição de responsabilidade e a tomada de decisão autônoma são questões éticas complexas que precisam ser abordadas.

4. **Impacto Social e no Emprego:**

- o O impacto da automação e da IA no emprego é uma preocupação ética. Como as pequenas empresas podem adotar tecnologias inovadoras sem negligenciar considerações éticas sobre o emprego e o impacto social?

Este capítulo explora esses desafios e considerações éticas, oferecendo insights sobre como as pequenas empresas podem abordar essas questões à medida que buscam integrar a IA em suas operações. A análise cuidadosa dessas implicações éticas é essencial para garantir que a inovação tecnológica seja conduzida de maneira ética e sustentável.

Questões *Éticas Relacionadas ao Uso de Dados e Automação*

A adoção da Inteligência Artificial (IA) traz consigo uma série de questões éticas, especialmente no que diz respeito à coleta, processamento e automação de dados. Neste contexto, examinamos as principais questões éticas

Revolucionando Pequenos Negócios com a Força da IA
relacionadas ao uso de dados e automação nas pequenas
empresas que incorporam a IA em suas operações.

1. **Privacidade e Proteção de Dados:**
   - A coleta extensiva de dados necessária para alimentar algoritmos de IA pode levantar preocupações sobre a privacidade. Pequenas empresas devem garantir a conformidade com regulamentações de proteção de dados, como o GDPR, e comunicar claramente como os dados dos clientes serão utilizados.
2. **Viés nos Dados e Algoritmos:**
   - Dados históricos frequentemente refletem preconceitos existentes na sociedade. Se os algoritmos são treinados com dados enviesados, podem perpetuar e amplificar preconceitos. Isso levanta questões éticas sobre a equidade e justiça nas decisões automatizadas.
3. **Transparência e Explicabilidade:**
   - A opacidade de alguns algoritmos de IA pode dificultar a compreensão de como as decisões são tomadas. As empresas devem buscar transparência e explicabilidade em seus sistemas automatizados para garantir a confiança dos usuários e partes interessadas.
4. **Segurança Cibernética:**
   - A automação intensiva e a dependência de dados online aumentam os riscos de cibersegurança. As empresas têm a responsabilidade ética de proteger os dados dos clientes contra acessos não autorizados e ataques, exigindo investimentos significativos em medidas de segurança.
5. **Tomada de Decisão Autônoma:**

Revolucionando Pequenos Negócios com a Força da IA

- o Sistemas de IA que tomam decisões de forma autônoma levantam questões éticas sobre a responsabilidade. Quem é responsável por decisões incorretas ou prejudiciais? Como garantir que as decisões automatizadas estejam alinhadas com valores éticos e legais?

6. **Impacto no Emprego:**
   - o A automação de certas tarefas pode ter implicações éticas na força de trabalho. As empresas precisam considerar o impacto social e tomar medidas para mitigar o impacto negativo na empregabilidade.

7. **Uso Ético de Inteligência Artificial:**
   - o As pequenas empresas devem adotar práticas éticas no uso da IA, evitando aplicações que possam causar danos, discriminação injusta ou violações dos direitos fundamentais. A ética deve ser incorporada no desenvolvimento, implementação e monitoramento contínuo de sistemas de IA.

Abordar essas questões éticas é fundamental para construir uma base sólida de confiança entre as empresas, seus clientes e a sociedade em geral. A implementação responsável da IA requer uma reflexão cuidadosa sobre o impacto social, legal e moral das decisões automatizadas e a salvaguarda dos direitos e privacidade dos indivíduos.

Capítulo 8: O Futuro da IA para Pequenos Negócios

Explorando Tendências Emergentes e Perspectivas

À medida que avançamos na era da Inteligência Artificial (IA), as pequenas empresas estão diante de um horizonte repleto de oportunidades e desafios. Este capítulo aborda as tendências emergentes que moldarão o futuro da IA para pequenos negócios, fornecendo uma visão do que está por vir e como as empresas podem se preparar para abraçar a inovação.

Tendências Emergentes:

1. **IA Democratizada:**
   - A tendência de democratização da IA ganhará força, tornando as ferramentas e tecnologias de IA mais acessíveis para pequenas empresas. Plataformas simplificadas e soluções plug-and-play permitirão uma adoção mais ampla.
2. **Automação Inteligente de Processos (IPA):**
   - A convergência de IA e automação resultará em soluções de Automação Inteligente de Processos (IPA). Pequenas empresas poderão automatizar tarefas repetitivas e otimizar processos de negócios de maneira mais eficiente.
3. **IA Conversacional e Chatbots:**
   - A IA conversacional, incluindo chatbots alimentados por processamento de linguagem

natural (PNL), será cada vez mais integrada às interações com clientes. Isso proporcionará um atendimento ao cliente mais eficaz e personalizado.

4. **IA para Personalização de Experiência do Cliente:**
   - O uso de IA para personalizar a experiência do cliente se tornará uma prática padrão. Desde recomendações personalizadas até comunicações adaptativas, as pequenas empresas poderão oferecer serviços altamente personalizados.

5. **IA em Operações Financeiras:**
   - A IA será cada vez mais integrada às operações financeiras, auxiliando na análise de dados, previsões financeiras e detecção de fraudes. Isso permitirá que pequenas empresas gerenciem suas finanças com mais eficácia.

6. **Computação em Borda e IA:**
   - A computação em borda, combinada com IA, permitirá análises de dados em tempo real e tomada de decisões mais rápida. Isso é especialmente relevante para setores como varejo e manufatura.

7. **Ética na IA:**
   - A preocupação com questões éticas na IA se intensificará. Pequenas empresas terão a responsabilidade de adotar práticas éticas desde o desenvolvimento até a implementação de sistemas de IA.

8. **Integração de IA em Setores Tradicionais:**
   - Setores tradicionais, como agricultura, construção e serviços, integrarão cada vez

Revolucionando Pequenos Negócios com a Força da IA
mais soluções de IA para melhorar a eficiência,
sustentabilidade e competitividade.

Preparando-se para o Futuro:

1. **Atualização Contínua de Habilidades:**
   - A capacitação contínua dos colaboradores em habilidades relacionadas à IA será essencial. Programas de treinamento e parcerias educacionais ajudarão as equipes a se manterem atualizadas.
2. **Colaboração e Parcerias:**
   - A colaboração entre pequenas empresas, startups e grandes empresas de tecnologia abrirá portas para inovações conjuntas e acesso a recursos avançados de IA.
3. **Adoção Gradual e Estratégica:**
   - A adoção de IA deve ser feita de maneira gradual e estratégica. Identificar áreas de negócios que se beneficiam mais da IA e começar com implementações piloto ajudará a mitigar riscos.
4. **Ênfase na Ética e Transparência:**
   - Colocar uma ênfase contínua na ética e transparência no uso da IA garantirá a confiança dos clientes e a conformidade com as regulamentações.
5. **Aproveitar Recursos de IA Democratizados:**
   - Aproveitar as plataformas e recursos de IA democratizados será crucial. Isso permitirá que pequenas empresas aproveitem os benefícios da IA sem a necessidade de investimentos massivos em desenvolvimento interno.

Revolucionando Pequenos Negócios com a Força da IA
Ao compreender essas tendências e se preparar para o futuro, as pequenas empresas podem posicionar-se de maneira competitiva, aproveitando as vantagens oferecidas pela IA para impulsionar a inovação, otimizar operações e oferecer experiências excepcionais aos clientes. Este capítulo encerra nossa jornada exploratória no cenário dinâmico da IA para pequenos negócios.

Possíveis Desenvolvimentos Futuros

Além das tendências emergentes, é fundamental explorar os possíveis desenvolvimentos futuros que moldarão ainda mais o papel da Inteligência Artificial (IA) nas operações de pequenas empresas. Estas previsões oferecem uma visão do que pode surgir nos próximos anos, influenciando a forma como as pequenas empresas utilizam a IA para inovação e crescimento.

Desenvolvimentos Futuros Antecipados:

1. **IA Quântica:**
   - O desenvolvimento da computação quântica pode transformar radicalmente a capacidade de processamento da IA, possibilitando a resolução de problemas mais complexos e a execução de algoritmos mais avançados.
2. **IA Explicável:**
   - A demanda por IA explicável aumentará, impulsionada por preocupações éticas e regulatórias. Modelos de IA que oferecem transparência e explicabilidade ganharão destaque, especialmente em setores sensíveis.
3. **Inteligência Artificial Generativa:**
   - O avanço em modelos de Inteligência Artificial Generativa (GANs) permitirá a criação de

Revolucionando Pequenos Negócios com a Força da IA
conteúdo altamente realista e personalizado. Isso pode ser aplicado em áreas como design gráfico, publicidade e criação de conteúdo.

4. **Integração de Neurotecnologia:**
   - A integração de neurotecnologia com IA abrirá possibilidades para interfaces cérebro-máquina mais avançadas. Isso poderia ter aplicações inovadoras em setores como saúde, acessibilidade e entretenimento.

5. **Aprimoramento da IA para Setores Específicos:**
   - Veremos uma maior especialização da IA para atender às necessidades específicas de setores como saúde, agricultura, educação e manufatura. Isso permitirá soluções mais personalizadas e eficientes.

6. **Inovações em Robótica Autônoma:**
   - O aprimoramento da robótica autônoma, impulsionada por avanços em IA, pode resultar em uma automação mais sofisticada de tarefas físicas. Isso terá implicações em setores como logística, construção e manufatura.

7. **Inteligência Artificial para Tomada de Decisões Estratégicas:**
   - A IA se tornará uma ferramenta valiosa para a tomada de decisões estratégicas em pequenas empresas. Sistemas avançados de análise preditiva e prescritiva apoiarão os líderes na formulação de estratégias mais informadas.

8. **Colaboração Homem-Máquina Aprofundada:**
   - A colaboração entre humanos e sistemas de IA se aprofundará, resultando em uma força de trabalho mais adaptável e eficiente. A IA complementará as habilidades humanas,

Revolucionando Pequenos Negócios com a Força da IA
permitindo a realização de tarefas complexas de maneira mais eficaz.

Preparação para o Futuro:

1. **Investimento em Pesquisa e Desenvolvimento:**
   - Pequenas empresas devem considerar investir em pesquisa e desenvolvimento para acompanhar as últimas inovações em IA e avaliar como essas tecnologias podem ser aplicadas em seus setores.
2. **Adoção Proativa:**
   - A adoção proativa de novas tecnologias permitirá que as pequenas empresas estejam na vanguarda da inovação. Avaliar regularmente as oportunidades oferecidas pela IA garantirá uma posição competitiva.
3. **Parcerias Estratégicas:**
   - Estabelecer parcerias estratégicas com empresas de tecnologia e instituições de pesquisa pode proporcionar acesso a conhecimentos especializados e recursos avançados de IA.
4. **Flexibilidade e Agilidade:**
   - Manter uma abordagem flexível e ágil permitirá que as pequenas empresas se adaptem rapidamente às mudanças no cenário da IA e aproveitem as oportunidades emergentes.
5. **Ênfase Contínua na Ética:**
   - À medida que a IA evolui, a ênfase contínua na ética e responsabilidade será crucial. As pequenas empresas devem garantir que suas práticas estejam alinhadas com padrões éticos e legais.

Revolucionando Pequenos Negócios com a Força da IA
Ao explorar esses possíveis desenvolvimentos futuros, as pequenas empresas podem se posicionar de maneira estratégica para abraçar a próxima onda de inovações em IA. Ao adotar uma mentalidade de aprendizado contínuo e adaptabilidade, as pequenas empresas têm o potencial de prosperar em um ambiente empresarial cada vez mais impulsionado pela Inteligência Artificial. Este capítulo encerra nossa jornada, lançando um olhar promissor para o futuro da IA nas pequenas empresas.

Além das tendências emergentes e dos desenvolvimentos futuros, é crucial abordar estratégias práticas para que as pequenas empresas se mantenham atualizadas no cenário dinâmico da Inteligência Artificial (IA). Este segmento oferece dicas valiosas para garantir que as empresas estejam na vanguarda da inovação e preparadas para adotar as mais recentes tecnologias de IA.

Dicas para Manter-se Atualizado:

1. **Participação em Comunidades Online:**
   - Engajar-se em comunidades online dedicadas à IA proporciona acesso a discussões, recursos educacionais e insights valiosos de profissionais do setor.
2. **Cursos e Certificações em IA:**
   - Investir em cursos e certificações em IA, oferecidos por plataformas educacionais online, universidades ou instituições especializadas, é uma maneira eficaz de adquirir habilidades atualizadas.
3. **Acompanhamento de Conferências e Eventos:**
   - Participar de conferências, seminários e eventos relacionados à IA permite a imersão

Revolucionando Pequenos Negócios com a Força da IA
em tendências recentes, descobertas de pesquisa e networking com especialistas.

4. **Leitura de Publicações Especializadas:**
   o Acompanhar revistas científicas, blogs especializados, e publicações acadêmicas e industriais oferece informações atualizadas sobre pesquisas e avanços em IA.
5. **Redes de Contatos Profissionais:**
   o Construir e manter redes de contatos profissionais, tanto online quanto offline, permite o compartilhamento de conhecimentos e a obtenção de insights práticos do setor.
6. **Experimentação e Projetos Piloto:**
   o Implementar projetos piloto e experimentar com soluções de IA em escala reduzida permite uma compreensão prática das aplicações da tecnologia e seus benefícios específicos para o negócio.
7. **Colaboração com Startups de Tecnologia:**
   o Parcerias com startups de tecnologia, muitas vezes ágeis e inovadoras, podem proporcionar oportunidades para testar e integrar soluções de IA em um ambiente mais flexível.
8. **Acesso a Recursos Online Gratuitos:**
   o Aproveitar recursos online gratuitos, como tutoriais, webinars e materiais educativos oferecidos por organizações e empresas de tecnologia, é uma maneira econômica de se manter informado.
9. **Avaliação Contínua das Necessidades de Negócios:**
   o Uma avaliação constante das necessidades específicas do negócio ajuda a direcionar o foco da implementação de IA para áreas que trarão os maiores benefícios.

10. **Mentoria e Aconselhamento Especializado:**
   o Buscar mentoria e aconselhamento de especialistas em IA pode oferecer insights valiosos e orientação personalizada para as necessidades exclusivas da empresa.

Adotar uma abordagem proativa para se manter atualizado em IA é vital para o sucesso a longo prazo das pequenas empresas. Ao cultivar uma mentalidade de aprendizado contínuo e adaptabilidade, as empresas podem maximizar as oportunidades oferecidas pela evolução da IA e impulsionar a inovação em seus setores. Este conjunto de dicas encerra nosso olhar para o futuro da IA nas pequenas empresas, destacando a importância da educação, colaboração e flexibilidade.

Capítulo 9: Guia Prático para Implementação

Passos Práticos para Iniciar a Implementação de IA em Pequenas Empresas

Este capítulo oferece um guia prático, passo a passo, para auxiliar pequenas empresas na implementação bem-sucedida da Inteligência Artificial (IA). Ao seguir esses passos, as empresas podem navegar pelo processo de adoção da IA de maneira estruturada, maximizando os benefícios e minimizando os desafios associados.

Passo 1: Avaliação das Necessidades Específicas da Empresa

Revolucionando Pequenos Negócios com a Força da IA
Antes de iniciar a implementação da IA, é crucial realizar uma avaliação abrangente das necessidades específicas do negócio. Isso envolve identificar áreas onde a IA pode trazer o maior impacto positivo, alinhado aos objetivos estratégicos da empresa.

Passo 2: Definição de Objetivos Claros e Mensuráveis

Estabelecer objetivos claros e mensuráveis é fundamental. Determine o que a empresa espera alcançar com a implementação da IA, seja a melhoria da eficiência operacional, o aumento da personalização do serviço ao cliente ou a otimização de processos internos.

Passo 3: Avaliação da Infraestrutura Tecnológica Existente

Examine a infraestrutura tecnológica existente para identificar possíveis integrações e desafios. Certifique-se de que os sistemas atuais são compatíveis com soluções de IA e considere eventuais atualizações ou ajustes necessários.

Passo 4: Capacitação da Equipe e Aquisição de Habilidades

Proporcione treinamento e capacitação à equipe para desenvolver habilidades essenciais em IA. Isso pode incluir cursos online, workshops ou parcerias com instituições educacionais. Uma equipe capacitada é fundamental para o sucesso da implementação.

Passo 5: Escolha de Aplicações e Tecnologias Adequadas

Revolucionando Pequenos Negócios com a Força da IA
Selecione as aplicações e tecnologias de IA que melhor se adequam às necessidades da empresa. Isso pode incluir chatbots para atendimento ao cliente, ferramentas de análise preditiva ou soluções de automação de processos.

Passo 6: Implementação em Pequena Escala e Avaliação Piloto

Inicie a implementação em pequena escala e conduza avaliações piloto. Isso permite identificar eventuais desafios práticos, garantindo que a integração da IA seja suave e eficaz antes de uma implementação em larga escala.

Passo 7: Monitoramento e Análise Contínua

Estabeleça um sistema robusto de monitoramento para avaliar o desempenho contínuo da implementação de IA. Use métricas específicas para medir o sucesso em relação aos objetivos estabelecidos e ajuste a estratégia conforme necessário.

Passo 8: Adaptação e Expansão Gradual

Com base nos resultados e aprendizados obtidos, adapte a implementação conforme necessário e expanda gradualmente para outras áreas da empresa. Isso permite uma abordagem iterativa e contínua de melhoria.

Passo 9: Considerações Éticas e Conformidade Regulatória

Integre considerações éticas desde o início e assegure-se de que a implementação da IA esteja em conformidade com

Revolucionando Pequenos Negócios com a Força da IA
regulamentações pertinentes, como proteção de dados e
normas éticas da indústria.

Passo 10: Compartilhamento de Conhecimento e Boas Práticas

Promova o compartilhamento de conhecimento dentro da
empresa. Crie um ambiente que incentive a colaboração
entre as equipes e a troca de boas práticas na utilização da
IA.

Ao seguir esses passos práticos, as pequenas empresas
podem iniciar e conduzir uma implementação de IA bem-
sucedida, garantindo que a tecnologia seja uma aliada
estratégica para o crescimento e a inovação. Este guia
encerra nossa jornada prática no universo da
implementação de IA em pequenas empresas.

Checklist para o Processo de Implementação de IA em Pequenas Empresas

Para garantir uma implementação bem-sucedida da
Inteligência Artificial (IA) em pequenas empresas, é
essencial ter uma checklist abrangente que oriente cada
fase do processo. Esta checklist oferece uma visão
estruturada para garantir que todos os aspectos críticos
sejam considerados ao adotar a IA.

1. Avaliação Inicial:

• Identificação das áreas de negócios que podem se
beneficiar da IA.

Revolucionando Pequenos Negócios com a Força da IA
• Análise das necessidades específicas da empresa.

• Definição de objetivos claros e mensuráveis.

2. Preparação da Equipe:

• Programas de treinamento para capacitar a equipe em habilidades de IA.
• Identificação de líderes de projeto e membros da equipe responsáveis pela implementação.
• Compreensão e aceitação da equipe em relação à implementação da IA.

3. Avaliação da Infraestrutura Tecnológica:

• Verificação da compatibilidade dos sistemas existentes com soluções
de IA.
• Identificação de eventuais atualizações ou modificações necessárias.
• Estabelecimento de protocolos de segurança para dados sensíveis.

4. Seleção de Tecnologias de IA:

• Escolha de aplicações e tecnologias de IA alinhadas aos objetivos da empresa.
• Avaliação de fornecedores e plataformas de IA.

• Consideração de soluções que permitam escalabilidade futura.

5. Implementação em Pequena Escala:

Revolucionando Pequenos Negócios com a Força da IA
• Início da implementação em uma área específica ou departamento.
• Avaliação piloto para identificar desafios práticos.

• Coleta de feedback da equipe e ajuste conforme necessário.

6. Monitoramento e Análise Contínua:

• Estabelecimento de métricas de desempenho específicas.
• Implementação de sistemas de monitoramento contínuo.

• Análise regular dos resultados e ajuste estratégico.

7. Adaptação e Expansão Gradual:

• Adaptação da implementação com base nos aprendizados.
• Expansão gradual para outras áreas ou departamentos.

• Garantia de flexibilidade para ajustes contínuos.

8. Considerações Éticas e Regulatórias:

• Integração de considerações éticas desde o início.
• Verificação da conformidade com regulamentações de proteção de dados.

• Implementação de políticas claras de governança de IA.

9. Compartilhamento de Conhecimento:

• Criação de canais para compartilhamento de conhecimento.
• Incentivo à colaboração entre equipes e departamentos.
• Estabelecimento de uma cultura de aprendizado contínuo.

10. Avaliação e Otimização Contínua:

• Avaliação regular dos benefícios alcançados.
• Identificação de oportunidades de otimização.
• Ciclo contínuo de aprendizado e melhoria.

Ao seguir está checklist, as pequenas empresas podem garantir que cada fase da implementação da IA seja abordada de maneira abrangente, maximizando os benefícios e minimizando os desafios associados à adoção desta tecnologia inovadora. Este guia prático encerra nosso enfoque detalhado no processo de implementação de IA em pequenas empresas.

Capítulo 10: Conclusão

Recapitulação dos Benefícios da IA para Pequenas Empresas

À medida que chegamos ao final desta jornada exploratória sobre o uso da Inteligência Artificial (IA) em pequenas empresas, é importante recapitular os inúmeros benefícios que essa tecnologia pode oferecer a essas organizações inovadoras.

1. Aumento da Eficiência Operacional:

• A IA permite a automação de tarefas rotineiras, liberando recursos humanos para atividades mais estratégicas. Isso resulta em uma operação mais eficiente e produtiva.

2. Melhoria na Personalização do Serviço ao Cliente:

- Sistemas de IA, como chatbots e análise preditiva, possibilitam uma personalização mais profunda no atendimento ao cliente, criando experiências mais relevantes e satisfatórias.

3. Tomada de Decisões Mais Informada:

- Ferramentas de análise de dados baseadas em IA oferecem insights valiosos, apoiando líderes de pequenas empresas na tomada de decisões mais informadas e estratégicas.

4. Vantagem Competitiva:

- Pequenas empresas que incorporam IA de maneira estratégica podem ganhar uma vantagem competitiva significativa, sendo mais ágeis e adaptáveis às demandas do mercado.

5. Otimização de Processos de Negócios:

- A IA pode otimizar processos internos, identificando padrões, automatizando fluxos de trabalho e melhorando a eficiência operacional.

6. Crescimento Sustentável:

- Ao melhorar a eficiência, personalizar serviços e tomar decisões informadas, as pequenas empresas podem experimentar um crescimento sustentável a longo prazo.

7. Inovação Contínua:

- A integração da IA abre portas para a inovação contínua, permitindo que as pequenas empresas estejam na vanguarda das tendências tecnológicas e de mercado.

8. Adaptação a Mudanças no Ambiente de Negócios:

- A flexibilidade proporcionada pela IA permite que as pequenas empresas se adaptem rapidamente a mudanças no ambiente de negócios, mantendo-se competitivas.

9. Maior Fidelidade do Cliente:

- A personalização e a eficiência resultantes do uso da IA contribuem para a satisfação do cliente e, consequentemente, para uma maior fidelidade à marca.

10. Contribuição para Setores Específicos:

- A IA pode ser adaptada para atender às necessidades específicas de setores, como saúde, educação, varejo e manufatura, proporcionando soluções personalizadas.

Desafios Superados com Estratégia e Educação:

- Embora os benefícios da IA sejam significativos, também reconhecemos que a implementação bem-sucedida enfrenta desafios. Estratégia cuidadosa,

Revolucionando Pequenos Negócios com a Força da IA
educação contínua e abordagens éticas são
fundamentais para superar esses desafios.

Ao finalizar esta exploração, fica claro que a IA não é
apenas uma ferramenta tecnológica; é um catalisador para a
transformação e a inovação em pequenas empresas. Ao
adotar uma abordagem estratégica e proativa para a
implementação de IA, as pequenas empresas têm o
potencial não apenas de sobreviver, mas de prosperar em
um cenário de negócios em constante evolução.

Este livro visa capacitar pequenos empresários e líderes
com informações abrangentes sobre o potencial da IA. À
medida que avançamos para um futuro cada vez mais
digital, a Inteligência Artificial se torna não apenas uma
ferramenta, mas um pilar essencial para o crescimento e o
sucesso das pequenas empresas. Que este conhecimento
sirva como guia e inspiração para a jornada de inovação que
aguarda cada empreendedor.

Encorajamento para a Adoção Progressiva e Inovação Contínua

Ao concluirmos esta exploração fascinante sobre o uso da
Inteligência Artificial (IA) nas pequenas empresas, é
imperativo encorajar todos os empreendedores e líderes a
abraçarem a jornada da adoção progressiva e da inovação
contínua.

A IA é mais do que uma ferramenta tecnológica; é um
agente de transformação que capacita as pequenas
empresas a conquistarem novos horizontes. A
implementação gradual, com passos calculados e

Revolucionando Pequenos Negócios com a Força da IA estratégicos, permite que os benefícios da IA se integrem organicamente às operações cotidianas.

A inovação é um processo constante, e a IA é uma aliada poderosa nessa busca pela excelência. Não apenas automatando tarefas, mas também ampliando as capacidades humanas, a IA proporciona uma base sólida para a criatividade, a eficiência e a adaptação às mudanças.

Em face dos desafios, lembre-se de que a educação contínua é a chave para desbloquear o verdadeiro potencial da IA. Mantenha-se atualizado, explore novas possibilidades e, mais importante, crie uma cultura organizacional que valorize a aprendizagem contínua e a inovação.

O futuro pertence aos visionários, aos que ousam abraçar o desconhecido com determinação e curiosidade. À medida que avançamos para uma era cada vez mais impulsionada pela tecnologia, que sua jornada seja marcada não apenas por sucesso, mas também por uma evolução constante.

Que este livro seja um guia inspirador em sua busca pela integração da IA em sua pequena empresa. Ao adotar progressivamente essa tecnologia e inovar continuamente, você está moldando não apenas o futuro do seu negócio, mas também contribuindo para a narrativa mais ampla da revolução tecnológica nas empresas.

Que sua jornada seja repleta de descobertas, realizações e, acima de tudo, de uma transformação positiva impulsionada pela Inteligência Artificial. Em direção a um futuro inovador e promissor para todas as pequenas empresas!

Apêndice: Glossário de Termos Técnicos

Este glossário oferece definições concisas de termos técnicos frequentemente utilizados ao discutir Inteligência Artificial (IA) e suas aplicações em pequenas empresas.

Aprendizado de Máquina (Machine Learning): Subcampo da IA que permite que sistemas aprendam padrões e tomem decisões sem serem explicitamente programados.

Processamento de Linguagem Natural (PLN): Capacidade de um computador entender, interpretar e gerar linguagem humana de maneira semelhante à dos seres humanos.

Visão Computacional: Habilidade de um sistema de computador interpretar e entender informações visuais do mundo real, muitas vezes por meio do processamento de imagens ou vídeos.

Sistemas Especialistas: Programas de computador que utilizam regras lógicas para resolver problemas específicos em um domínio particular, simulando a expertise humana.

IA Forte e IA Fraca: IA Forte refere-se a sistemas capazes de realizar tarefas intelectuais comparáveis às habilidades humanas, enquanto a IA Fraca se limita a tarefas específicas sem alcançar a inteligência geral.

Chatbot: Programa de computador que utiliza IA para conduzir conversas automáticas com usuários, muitas vezes em plataformas de mensagens.

Revolucionando Pequenos Negócios com a Força da IA

Algoritmo de Recomendação: Algoritmo de IA que analisa dados do usuário para fornecer sugestões personalizadas, comumente usado em plataformas de comércio eletrônico e streaming.

Aprendizado Não Supervisionado: Modelo de aprendizado de máquina no qual o algoritmo é treinado em dados não rotulados, permitindo que identifique padrões sem orientação prévia.

Ética em IA: Campo de estudo que aborda questões éticas relacionadas ao desenvolvimento e uso de sistemas de IA, incluindo privacidade, viés algorítmico e responsabilidade.

Redes Neurais: Modelo computacional inspirado no funcionamento do cérebro humano, utilizado em aprendizado de máquina para realizar tarefas complexas.

IA Conversacional: Sistemas de IA projetados para interagir e manter conversas com usuários, incluindo assistentes virtuais e chatbots.

Big Data: Conjunto de dados extremamente grande e complexo, cujo processamento eficiente é desafiador para os métodos tradicionais de processamento de dados.

Reconhecimento de Padrões: Processo pelo qual um sistema de IA identifica padrões em dados, frequentemente usado em visão computacional e processamento de sinais.

Algoritmo Genético: Técnica de otimização inspirada na evolução biológica, utilizada para encontrar soluções eficientes em problemas complexos.

Revolucionando Pequenos Negócios com a Força da IA

Augmented Reality (AR): Tecnologia que sobreposta informações virtuais ao ambiente físico, proporcionando uma experiência combinada entre o mundo real e elementos digitais.

Virtual Reality (VR): Ambiente simulado digitalmente que proporciona uma experiência imersiva ao usuário, frequentemente usado em treinamentos e simulações.

Deep Learning: Subcampo do aprendizado de máquina que utiliza redes neurais profundas para realizar tarefas complexas, como reconhecimento de imagem e processamento de linguagem natural.

Internet das Coisas (IoT): Rede de dispositivos interconectados que coletam e compartilham dados, possibilitando a automação e a tomada de decisões em tempo real.

Edge Computing: Modelo de processamento de dados onde o processamento ocorre mais próximo da fonte dos dados, reduzindo a latência e a dependência de conexões de rede centralizadas.

Algoritmo de Agrupamento (Clustering): Método de aprendizado de máquina que organiza dados em grupos com base em similaridades, facilitando a identificação de padrões.

Robótica Autônoma: Sistemas robóticos que operam de forma independente, tomando decisões e executando tarefas sem intervenção humana direta.

Revolucionando Pequenos Negócios com a Força da IA
Natural Language Processing (NLP): Subcampo de IA que capacita os computadores a entender, interpretar e gerar linguagem humana de maneira natural.

Reinforcement Learning: Modelo de aprendizado de máquina em que um agente aprende a tomar decisões através da interação com um ambiente, recebendo recompensas ou punições.

Transfer Learning: Técnica de aprendizado de máquina onde um modelo treinado em uma tarefa é utilizado como ponto de partida para outra, acelerando o processo de treinamento.

Processamento de Voz (Speech Processing): Tecnologia que permite a análise e interpretação de informações contidas em dados de áudio, comumente usado em assistentes de voz.

Este glossário fornece uma base para compreender os termos técnicos fundamentais relacionados à Inteligência Artificial, facilitando a navegação por discussões e implementações na área.

REFERÊNCIAS:

AGRAWAL, Ajay; GANS, Joshua; GOLDFARB, Avi. *Prediction Machines: The Simple Economics of Artificial Intelligence*. [S.l.]: Harvard Business Review Press, 2018.

BROUSSARD, Meredith. *Artificial Unintelligence: How Computers Misunderstand the World*. Cambridge, MA: MIT Press, 2018.

COECKELBERGH, Mark. *AI Ethics*. The MIT Press, 2020.

DAVENPORT, Thomas H. *The AI Advantage: How to Put the Artificial Intelligence Revolution to Work*. Boston, MA: MIT Press, 2018.

HARARI, Yuval Noah. *Homo Deus: Breve História do Amanhã*. Porto Alegre: Companhia das Letras, 2016.

LEE, Kai-Fu. *AI Superpowers: China, Silicon Valley, and the New World Order*. Nova York: Houghton Mifflin Harcourt, 2018.

MITCHELL, Melanie. *Artificial Intelligence: A Guide for Thinking Humans*. Nova York: Farrar, Straus and Giroux, 2019.

POOLE, David L.; MACKWORTH, Alan K. *Artificial Intelligence: Foundations of Computational Agents*. Cambridge University Press, 2017.

PRADEEP, A. K.; APPEL, Andrew; STHANUNATHAN, Stan. *AI for Marketing and*

Revolucionando Pequenos Negócios com a Força da IA
Product Innovation: Powerful New Tools for Predicting Trends, Connecting with Customers, and Closing Sales. Hoboken, NJ: Wiley, 2020.

RUSSELL, Stuart. *Human Compatible: Artificial Intelligence and the Problem of Control*. Nova York: Viking, 2019.

TEGMARK, Max. *Life 3.0: Being Human in the Age of Artificial Intelligence*. Vintage, 2017.

SOBRE O AUTOR

José Henrique Lopes

Com uma trajetória sólida, possuo anos de experiência dedicados ao atendimento de Microempreendedores Individuais (MEIs), Microempresas e empresas de pequeno porte. Empreendedor na Economia Criativa e Consultor especializado em Inovação, Gamificação e Captação de Recursos.

Minha atuação no projeto Agentes Locais de Inovação no SEBRAE/RS (2012-2014) foi essencial para disseminar a cultura de inovação em diversas empresas do Vale do Rio Pardo. Esse projeto foi reconhecido como exemplo de inovação no Encontro Nacional do SEBRAE em Brasília e São Paulo. Além disso, meu projeto de graduação foi selecionado para o Salão de Iniciação Científica da UFRGS 2010, na categoria economia criativa.

Minhas contribuições foram destacadas na matéria "Programa ALI traz benefícios financeiros e culturais para pequenas empresas" pela agência SEBRAE de Notícias, Revista Tempo de Agir, edição nº 19, pág. 26-28, e no Jornal do Comércio, edição nº 186-14, 15 e 16 de fevereiro de 2014, evidenciando o impacto positivo do meu atendimento.

Revolucionando Pequenos Negócios com a Força da IA
Sou graduado em Administração (2010) pela Faculdade Dom Alberto, agregando conhecimentos sólidos e práticos ao longo da minha jornada profissional. Pós-graduado em Gestão de Qualidade e Inovação, destaco minha proficiência em indicadores-chave de desempenho (KPIs), métricas de mídia paga, Web Analytics (englobando Google Universal Analytics e Google Analytics 4) e Social Analytics em plataformas como Facebook, Instagram e YouTube.

Além disso, possuo expertise em tráfego pago, abrangendo Google Ads, YouTube Ads, Facebook Ads e Instagram Ads. Meu conhecimento se estende a áreas especializadas como Copyright, Neuromarketing, Gatilhos Mentais e Inteligência Artificial (IA).

Adicionalmente, possuo conhecimentos iniciais em SEO On-Page e Off-Page, Python, PowerBI e SQL Server. Essa diversidade de competências não apenas me capacita a compreender as nuances estratégicas, mas também a aplicar práticas eficazes para obter resultados consistentes em ambientes dinâmicos e inovadores.